おとなのための「オペラ」入門

中野京子

はじめに

オペラは日本でもすでに身近になっている。

二〇〇六年、トリノの冬季オリンピックで、フィギュアスケートの荒川静香《あらかわしずか》選手が選んだ曲は、プッチーニのオペラ『トゥーランドット』から〈誰も寝てはならぬ〉だった。「夜が明けたら私は勝つ、きっと勝つ」という高らかな勝利宣言でもあるこのアリアは、実際、荒川選手に金メダルをもたらし、その美しい旋律は人々の胸に深く刻まれた。

またテレビから流れるCMソングや邦画のバックグラウンドミュージックに、オペラの名曲が使われることも増えている。クラシック音楽にまったく無関心な人でも、知らず知らず耳になじんできているはずなのだ。

本書は、ゼロ地点から出発する大人のための「オペラ」入門である。

一度きりの短い人生なのだから、せめて一度くらいはオペラなるものを観てもいいかな、と思っている方々への招待状だ。オペラならどれも大して変わらないだろうと、ワーグナーの『トリスタンとイゾルデ』を選んでしまい、数万円も払って死ぬほどの退屈と眠気と闘う……などという情けない事態（『トリスタンとイゾルデ』は上級者向けの最たるもので、評論家さえ「心地よい眠気に誘われるのもまた良し」とトンデモ評を書くほど）に陥らないためにも、少々勉強してからのほうが失敗の確率は低い。一夜漬けで最低限の知識を仕入れて劇場へ行きましょう、というのが本書のコンセプトだ。

ところで、オペラといえば未だに「太った女性が、まるで鶏が首を絞められるときのような声で歌う」と思い込んでいる人が多いのではないだろうか。

前半は間違い。今やどの世界もビジュアル重視になっており（必ずしも肯定できないのだけれど）、オペラ歌手も驚くほどスマートな美男美女ぞろいになっている。後半は正解。日本人の耳には異常音としか聞こえない。でも馴れというのは恐ろしいもので（？）、これは確約できるが、いったんオペラに嵌《は》まると鶏の悲鳴も美声に思えてくるから不思議だ。子どものころは甘味しかわからなかったのに、大人になれば苦味や渋味も味わえるようになるのと似ている。

なんといってもオペラはとてつもない人工世界で、すべてがわざとらしさにあふれているわけだから、最初の敷居が高い。そこさえクリアしてしまえば、なぜこんな声で歌うのか、いや、なぜこんな声で歌わなければ感動を伝えられないのかがわかってくる。そしてわかった瞬間、まったく未知の世界が夢のように拡がってゆき、「究極の大人の趣味」と言われるオペラはあなたのものになる（はずだ）。

さて、どこから入ってゆくかだが、クラシック音楽にもさして興味のない場合は物語から入るよりないだろう。オペラは「歌劇」と訳されているように、歌を中心にストーリーが展開されており、優れたオペラの台本はたいてい神話や名作文学が基になっている。登場人物に感情移入し、物語の面白さに惹《ひ》きつけられれば、音楽もろとも楽しめるのは間違いない。本書では原作・オペラともに有名で、上演機会も多い五作品を取り上げた。これを足がかりにどんどん華やかなオペラの世界へ分け入ってくれますように。

本書は以前、中・高校生向きに書いた、『オペラでたのしむ名作文学』を下敷きにしている。なぜか大人の読者からの反響も多く、順調に版を重ねてきたが、今回、もう少し大人向きにと構成などを大幅に変えての文庫化となった。手直しにあたっては、講談社生活文化第二出版部、津田千鶴さんのご尽力があり、この場を借りて感謝の意を記させてください。

二〇〇九年三月

中野《なかの》京子《きょうこ》

大人のための「オペラ」入門◎目次

第1章 チェネレントラ（シンデレラ）

原作『シンデレラ』について

第2章

椿姫

第5章 カルメン

大人のための「オペラ」入門

プロローグ

オペラって何？　初心者のための

オペラ講座

究極の大人の趣味、オペラ

――入社二年目、企画制作会社につとめる旬《しゅん》は、連日残業に追われた後のある日、大先輩の美咲《みさき》主任から、夕食をご馳走になった。彼女のもとで遅くまで仕事をがんばったご褒美《ほうび》である。最初は緊張していた旬だが、おいしいイタリアンとワインで口もほぐれ、おしゃれでグルメ、カルチャー全般に詳しいキャリアウーマンの美咲先輩に、この際聞きたいことを思いきってぶつけることにした。

旬　実は、教養ある美咲先輩をみこんで、お願いがあるんですけど。

美咲　あらら、ずいぶん持ち上げるじゃない。

旬　音楽会や美術展について、よく話しておられるのを聞くもんですから。ぼくはほら、経済出身でそのへんがさっぱりなんです。

美咲　何でも聞きなさい。

旬　今度、オペラに行くんです。アマチュアオペラなんですけど、けっこう歴史のあるオペラ団みたいで。

美咲　いきなり「オペラ」ですか。それはたのもしい。なんだ、旬君、ちゃんと文化活動してるじゃない。

旬　いや、自分の趣味じゃなくて、友だちが合唱に出るんで、招待されたんです。

美咲　お、赤くなったところをみると、恋人だな。

旬　い、いや、まだそこまでいかないんで。今回がチャンスかなと。

美咲　で、相談というのはなーに？

旬　恥ずかしながら、オペラなんて一回も観たことがなくて、どんなものかほとんど知らないんです。でもそんなかっこわるいこと、その子に言えないじゃないですか。美咲さん、無知な後輩を助けてください。

美咲　まかせなさい。学生時代から勉強そっちのけで、遊びを学びつづけた私よ。で、彼女が出るオペラは『カルメン』ね。

旬　どうしてわかったんですか？　すごい！

美咲　かんたんな推理だよ、ワト〝旬〟君。『カルメン』には合唱シーンがけっこうあるし、歌う必要のないおおぜいの登場人物を出しやすい。大掛かりな装置も必要なくて、アマチュア団体の市民オペラでも上演しやすい。それになんといっても世界一有名なオペラだから、誰でも知ってる曲がたくさんつまっていて、お客も集めやすいから人気があるの。

旬　なるほどなあ。

美咲　ところで『カルメン』の原作は読んだ？

旬　えっ。オペラって原作があるんですか？

美咲　あるわよ。オペラの台本はね、その作品のために新しく書かれたものより、すでに人に知られている神話や伝説、童話、それに有名な戯曲《ぎきょく》や小説をもとにしたもののほうが多いの。特に『カルメン』みたいな名作文学だと、ストーリーや登場人物の魅力があるていど知られているので、オペラに誘い込みやすいという利点があるのよ。

旬　まず読んでみることですかね。

美咲　ええ、それはおすすめよ。原作を知っていれば、オペラの楽しみが倍になるはずだから。

旬　でも読むの遅いんで、先輩、ぼくにオペラのレクチャーをお願いできませんか。

美咲　そうね、つぎの仕事に役立つ面もあるから、私もおさらいとして付き合うか。

――こうして美咲先輩による旬のための緊急オペラ対策講座がはじまった。

Q&A　あした観に行く人のための緊急オペラ対策講座

Q　外国語なので、歌の意味がわからないんですが。

A　心配無用。日本での上演なら、すべての劇場に日本語の歌詞を映しだすスクリーンが備わっている。映画の字幕と同じで、ストーリーを追うのに何の心配もない。昔はこれがなかったので、観る前に解説書を読むなど、予習しなければならなかった。良い時代になったことを感謝しよう。

Q　オペラにはどんな服装で行けばいいの。また、いつ拍手をしたらいいの。

A オペラには、ロックコンサートなどと違って気取ったイメージがある。たぶん日本人は、まだ「クラシック音楽は知識人のもの」という意識が抜けないのかもしれない。歴史が浅いので仕方がない。でも状況は少しずつ変わってきてはいる。どんな音楽にも、上下などない。あるのは心を打つ音楽か、そうでないか、という違いだけ。神経質になる必要はない。

ただしオペラの舞台鑑賞とロックコンサートは明らかに違う。ロックコンサートは音楽を聴くことと参加する喜びが一体になることが多いし、それはそれでとても楽しい。しかしオペラの場合は、気分が乗ったからといって自分もいっしょに歌ったり、立ち上がって手拍子をとりたいという人はいない。むしろ歌手の声やオーケストラの小さな音ひとつも聴きもらしたくない、という人がほとんどだ。そういう観客の邪魔をしないよう、なるべく静かにしているのはエチケットとして当然だろう。

服装も同じように考えればいいと思う。オペラは上演回数が少ないので、観にいく人は数ヵ月、あるいは半年以上も前からチケットを買い、その日を待ち焦がれて、いわば改まった晴れの場の気分で出かけてゆく。おしゃれをしてすてきな音楽を楽しみたい日だ。そういう人が多いと思って少し改まった服装、ちょっとシックに装《よそお》っていけば、場の雰囲気を壊すことはない。

それと拍手。基本的には、特に良かったと感じたときにするものなのだが、とはいっても最初のうちは、どこが歌の切れ目かがわからないはずなので、いきなり好き勝手に拍手するのは、歌手に対して失礼だ。とりあえず、周りにあわせておくこと。おいおいわかってくるから大丈夫。

Q　オペラは歌なの？　演劇なの？

A　実は、これこそがオペラ最大の特徴だ。

つまりオペラは、演技や演出といった演劇的要素、歌やオーケストラの音楽的要素、脚本やストーリーの文学的要素、装置や照明といった美術的要素、さらに――すべてのオペラにあるわけではないが――ダンスやバレエの舞踊《ぶよう》的要素。それらいっさいをひっくるめた総合芸術で、悪い言葉でいえば、ごった煮状態というか、とてつもなくエネルギッシュな芸術形式だ。だからすべてがばらばらになって失敗する例も少なくないわけだが、成功した舞台を目の当たりにした時の感動たるや、圧倒的なものになる。

Q **ほんとに最初から最後まで、歌ってばかりなの？　歌だけじゃ、筋がわからないし、なんだかやかましすぎて嫌だが。**

A 「嫌だ」といったところで、それがオペラの約束ごとだからしかたがない。ボクシングに対して、殴り合ってばかりで嫌だから、ところどころ口喧嘩《くちげんか》もはさんでほしい、なんて要求ができっこないのと同じだ。

ただ、歌といっても単純ではない。独唱、重唱、合唱などはもちろん、歌い方の違いもある。

たとえば、歌いながら物語を進めてゆくので、「みなさん、さあ、お座りください。夕食にしましょう」といった日常的な会話も、独特な節まわしで歌われる。これを、「レチタティーヴォ」という。

え、不自然？　そのとおり。何しろオペラというのは、言葉や演技だけでは表現しきれないほどの感情を、「歌う」ことでほとばしり出させようという芸術だ。歌舞伎《かぶき》と同じで、とてつもなく人工的な世界なのだ。

それから「アリア」。これは歌手の独唱で、いわばオペラの聴かせどころ、オペラの華だ。独唱会などでも、よくいろいろなオペラ・アリアが単独で歌われる。以前世界中に中継された三大テノールのコンサートでも、アリアがたくさん使われていた。

あえて単純化するなら、オペラとは**「アリアとアリアのあいだをレチタティーヴォで結んだもの」**といっていいだろう。だからヒット曲をただメドレーでずらずら流すのと異なり、慣れれば、やかましくは感じなくなるはずだ。

Q　歌舞伎に似ているなら、善人や悪人はメイクで区別するの？

A　歌舞伎は、一目でおおよそ善悪の見分けがつくようになっている。善人役の顔は白塗りしてあるが、悪役は赤かったり、黒模様が入っていたりする。これは歌舞伎が、どちらかというと「耳より目に重点を置いている」せいかもしれない。

一方オペラが優先するのは、視覚ではなく聴覚。そのため善悪の区別は、メイクによるのではなく、声によってなされる。

つまりオペラのなかの「清く美しいヒロイン」というのは、姿かたちに関係なく、一般に高音の声の主をいう。「凛々《りり》しい正義のヒーロー」もまたしかり。声でキャラクターが、ほぼ決定する。

だからよく、「『椿姫《つばきひめ》』の初演が失敗だったのは、そのとき主役を演じたソプラノが太りすぎで、結核で死ぬように見えなかったせいだ」などと言われるが、それは事実ではない。声と表現力が抜きん出ていれば、体格は二の次だ。歌舞伎の「女形」のように、お姫さま役を、かなりの年配の役者が演じても、違和感を持たせないことからもわかるだろう。お約束事として了解されるからだ。

声の種類と役柄は、だいたい次のようになっている。

まず男声でいちばん高い「**テノール**」だが、これはとうてい成人男子の出す声とは思えない。自然に反している。したがって浮き世ばなれした役にぴったりということになる。白馬に乗った王子さま、恋のために命を捨てる若者、損得を超越した正義漢、悲劇の英雄、二枚目……要するに、オペラのヒーロー役を一手に引き受けるのが、この声というわけ。

次いで「**バリトン**」。頭頂部からとてつもない高音を出すテノールとは異なり、これは男性のごく自然な声に近い。とうぜん役の幅は広くなり、主人公をたすける友人、主人公の恋仇《こいがたき》、主人公をおとしいれる悪玉――これらは、主人公あっての、いわば準主役。ほかにもバリトンは、そのリアリスティックな声の質を生かして、主役を張ることもある。つまり百パーセント正義でも、百パーセント悪でもなく、複雑で、清濁あわせもった悩める人間、我々と等身大の存在としてだ。なかなかやりがいがありそうだ。

低音の**「バス」**は、どうしても役が限定されてしまう。もっとも多いのは老人。また、ちょっと人間ばなれした渋さのせいか、悪魔やら幽霊、またはえらい僧侶などにもなる。

さて女声だが、ヒロインはなんといっても澄みきった高音の**「ソプラノ」**。お姫さま、美女、恋人。オペラの派手な部分を受け持って、ひたすら目立つのがこの声。だからプリマドンナといえば、多くはソプラノ歌手のことをさす。もともとプリマドンナという言葉は「第一の女性」という意味で、そのオペラの主役を演じる女性のこと。今ではスター歌手にしか使われない。

男声のバリトンに対応するのは**「メゾソプラノ」**。ただのおばさんから魔女まで、やはり幅広い。高い声とは異なる独特の魅力によって、誘惑的な美女役で主役になる場合もあり、その代表例が、カルメンだ。

「アルト」は、もっとも出番の少ない声といえるだろう。なにしろオペラは、高い声で若さを表すので、声が低くなるにつれて年齢は上がると見なされる。とうぜん、老婦人だの乳母だの、地味な脇役しかまわってこない。ごくたまに、宝塚の男役みたいに、王子や騎士《きし》になったりもするけれど。

このように、六種の声をいろいろ組み合わせて、ストーリーが作られる。

皮肉屋のバーナード・ショー（一八五六〜一九五〇）は、こんなことを言っていた。

「オペラとは、愛し合うテノールとソプラノを、バリトンやメゾソプラノがじゃまをする物語だ」

必ずしも的外れではないことが、声とキャラクターの結びつきから納得できよう。

Q　歌手はほんとうにマイクを使わないの？

A　使わない。そこがミュージカルとの大きな差だ。満員の大劇場で、フルオーケストラの厚い音にも負けず、ピアニッシモの弱音でさえ、最上階の一番後ろの席にまではっきり響かせるオペラ歌手たちの生の声の迫力には、きっと圧倒されるだろう。

特別な発声訓練の賜物《たまもの》である。

Q　歌っていて、歌詞を忘れることはないんだろうか。

A　何度も演じたことがあり、ずいぶん練習しているにもかかわらず、やはり人間のすることだから、うっかりミスはある。

しかも歌手の国籍は今やさまざまだ。たとえばニューヨークのメトロポリタン歌劇場が、前に『カルメン』を上演したとき、テノールはスペイン人、メゾソプラノはギリシャ人、バスはアメリカ人だった。つまり彼ら全員にとって、『カルメン』の歌詞であるフランス語は外国語だ。忘れたり、間違えたりしないとは言いきれない。

そんな時のために、陰でひかえてサポートする役がプロンプター。

プロンプターボックスの位置は、舞台中央にある。覆いがついているため、客席からはまったく見えない。ここに隠れたプロンプターが、うっかりした歌手に小声で歌詞を教えてあげたり、歌の出だしを指示したりする。指揮者の次に重要な仕事、といわれるのももっともだ。

Q　オーケストラの居場所は？

A　オーケストラピットと呼ばれる、舞台手前の一段下がった場所だ。ここだと、観客が舞台を観るのにじゃまにならないし、指揮者も楽団ばかりでなく歌手たちに、いろいろな指示を出しやすい。

もし劇場で指揮者の見える席に座ったら、たまに注目してほしい。歌手がうまく歌い終わったときなど、指揮者も観客といっしょに手を叩いたり、笑顔でうなずくのがわかる。熱狂型の指揮者だと、指揮をしながらけっこう大きな声で自分でも歌っていたりするので驚く。

Q　オペラはいつごろどんな形で始まったの？

A　オペラの歴史は約四百年。紀元前にはもう生まれていた演劇に比べ、まだ若いといえるかもしれない。

日本でいえば「関ヶ原の合戦」のおこった一六〇〇年前後がオペラ誕生年、と覚えよう。イタリアはルネッサンスの時代、芸術を愛好する貴族たちが、ギリシャ神話に

◎オペラ舞台の構造

舞台を横から見たところ

舞台を正面から見たところ

音楽をつけ、新しい劇として蘇《よみがえ》らせるため作ったのが始まり。これがたちまち評判を呼び、ヨーロッパ中に広まって、オペラ人気は決定的なものになる。そして十八世紀の半ばまでには、ほぼ現在の形が完成した。

Q オペラは、何語で歌われることが多いの？

A 我が国の場合、昔は翻訳《ほんやく》した日本語で歌われていた。しかし日本語の性質上、どうしても一音に一語しか乗りにくく、情報量が少なくなりがちだ。また、メロディーと言葉は切りはなせない関係にある、ということで、だんだん原語で上演されるようになった。

その原語で、圧倒的に多いのがイタリア語とドイツ語。次はフランス語。あとはロシア語や英語などが少々。

『夕鶴《ゆうづる》』（團伊玖磨《だんいくま》・作曲）のような純粋日本産の優れたオペラもあるが、残念ながらまだ完全に世界に受け入れられているとはいえない。

なぜイタリア語オペラの人気が高いかというと、ここはオペラ誕生の地であり、またオペラ王ともいうべきヴェルディと、その後継者プッチーニがいるからだ。ドイツ語オペラの場合は、ヴェルディに対するもう一方の雄ワーグナーのおかげといえるだろう。

　彼らの作品、

『椿姫』『アイーダ』（ヴェルディ）
『蝶々《ちょうちょう》夫人《ふじん》』『トゥーランドット』（プッチーニ）
『ニーベルングの指環《ゆびわ》』『さまよえるオランダ人』（ワーグナー）

などの題名は、音楽の教科書にも載っている。

ところで『カルメン』は、スペインが舞台になっているのにフランス語、『蝶々夫人』は言わずと知れた日本女性なのにイタリア語、というふうに、ほとんどのオペラは、その作曲家の国の言葉が使われている。またモーツァルトはドイツ人だが、作品のほとんどはイタリア語で書いた。当時、ドイツ語は洗練された言語と思われていなかったからだ。

Q　ミュージカルとの違いは？

A ミュージカルとオペラを混同している人は多い。まず先にオペレッタについて説明しよう。「小さなオペラ」という意味のオペレッタは、たいていハッピーエンドのラブロマンスで、笑いと風刺《ふうし》にあふれた、歌と台詞《せりふ》とダンスからなる、楽しく軽い、まさに小さなオペラ。オペラでいうレチタティーヴォの部分が、オペレッタの場合はふつうの台詞になっている。

そう、このヨーロッパで生まれたオペレッタがアメリカへ渡り、独自の発展をとげたのがミュージカルなのだ。オペレッタとミュージカルはいわば親戚だ。

だからオペレッタ歌手もミュージカル俳優も、歌えるだけではだめで、演技も達者で、しかも踊れなければならない。

ただし、決定的な違いがある。オペレッタはやはりオペラ同様、最重点は歌に置かれる。生の声で劇場を満たす発声法は、マイクを使うミュージカルの歌い方とはやはりまったく別ものである。

Q オペラのチケットはとても高いけど、なぜ？

A

高い安いの判断はとてもむずかしいが、演劇やミュージカルのチケット代と比べれば高い、と感じられるのかもしれない。

でもオペラを上演するのに、どれだけの人手がかかっているか考えてみよう。オーケストラ、合唱団、大道具・小道具、照明、衣装、制作スタッフ、それにもちろん指揮者や歌手、演出家もいる。『アイーダ』のような大スペクタクルになると、おおぜいのエキストラや、本物の象まで出演させることがある。「オペラは金喰い虫」と言われるが、そのとおりなのだ。しかもそのぜいたくさも大きな魅力の一つだから、舞台をあまり貧弱にするわけにもいかない。

それほど上演費用をかけているにもかかわらず、興行日数は多くて四、五回。それも大都市でだけ。なぜならオペラを楽しむ人の数は、演劇やミュージカルファンにくらべ、悲しいほど少ないからだ。各地で何日も何週間も続けて興行できれば、もっとチケットは安くてすむのだが……。

そうはいっても、工夫の余地はまだまだある。欧米のように、低料金で観られる天《てん》井桟敷席《じょうさじきせき》（後方最上階席）や学生割引などは、もっと増やすべきだろう。現在消防法で禁止されている立ち見席も、導入の方向で検討してほしいものだ。何よりオペラがもっと広く、身近なものになるのが先で、最近、いろいろなところで試みられている市民手作りオペラには、大いに希望がもてる。

Q オペラの題材にはどういうものがある？

A 「歌う」という行為、それ自体はごく自然なもの。しかし歌で会話するとなると、これはまったく別で、日常からかけはなれた表現になってしまう。

で、最初のオペラを思い出してほしい。ギリシャ神話をもとに作られたのだった。つまり神々なら会話を歌いあげても、まあ、許されるだろうというわけだ。これは正解で、いきなり王さまと家来が歌で話を始めたら、たとえ舞台上でのことでも、当時の観客には受け入れられなかったろう。そういうわけで、初期には神話や伝説、それに歴史上のできごとが、オペラの台本としてよく使われた。

そのうちオペラが貴族階級だけのものでなくなると、台本作家によるオリジナル作品が生まれる。とはいえその大部分が大衆受けをねらって、ストーリーや芸術性は二の次で、舞台装置の派手さや、歌手たちのアクロバット的な装飾歌唱《そうしょくかしょう》（高音を長く延ばしたり、声色をさまざまに変えたり、音をコロコロころがすように歌うなどの高等テクニック）を売りものにしていた。

カストラートという言葉を耳にしたことがあると思うが、高音の美声たるボーイソプラノを保ち続けるため、少年のうちに去勢した歌手のことだ。十七、八世紀のイタリアには、そのカストラートがおおぜいいて、男声でも女声でもない独特の声の魅力と巧《たく》みな歌唱技術で、絶大な人気を博していた。

やがてそれも飽きられる。というより、そうした非人間的な声作りに対する拒否感が大勢《たいせい》を占めるようになって、カストラートは消滅した。

それと同時に、もっとしっかりした骨格の物語が要求されるようになり、演劇の台本、つまり戯曲が利用されるようになった。ラシーヌやボーマルシェ、そしてなんといってもシェークスピアだ。

シェークスピア作品は、かなりの数がオペラ化されている。

『オセロ』
『マクベス』
『ロメオとジュリエット』
『ウインザーの陽気な女房たち』などなど。

同じように、他の文学作品もオペラの題材に選ばれ出した。

ペローの『サンドリヨン（シンデレラ）』

アヴェ＝プレヴォの『マノン・レスコー』

ユゴーの『エルナーニ』

デュマの『椿姫』

プーシキンの『スペードの女王』

メリメの『カルメン』などなど。

こうしてオペラは現在の形、つまり音楽と演劇が一体になった総合芸術へと練りあげられてきた。そして今なおオペラは進化し続けている。古典作品が新たに解釈し直されているだけでなく、埋もれていた作品が発掘されたり、世界各国で意欲的な新作も登場している。決して古びないのが、オペラの良さといえるだろう。

ＤＶＤ活用講座開始

——ここまで一気に美咲先輩のオペラ概論であった。

美咲　どう？　大まかなところはつかめたかしら。

旬　うーん。いろいろわかってくると、どんどん興味が深まりますね。ぼくがこんなにオペラに詳しいとわかったら、彼女もぼくにどんどん興味を深めるだろうな。

美咲　そうきたか。でもきっかけはどうあれ、旬君がオペラのすばらしさに目覚めてくれればいいわ。

旬　しかし、まだなにも観てないからなあ、どんなものかイメージがつかみにくいんですよね。

美咲　じゃあ、私のDVDを貸してあげましょう。

旬　でも、ぼくんち今DVDプレイヤー壊れているんです。それに、説明を聞きながらでないとわかんないです。ね、先輩のうちで観せていただいちゃまずいですか。

美咲　ええ、しょうがないわねえ。じゃ、今度の週末、いらっしゃい。わあ、掃除先輩のお宅はよく会社の皆を呼んでらっしゃると聞きますが……。お願いしますよ。しておかなくっちゃ。

旬　大丈夫、掃除も料理もぼくやります。

　こうして旬は次の週末、ＤＶＤを観ながら改めて美咲先輩のレクチャーを受けることになった。

第1章

童話とは一味違う！
時間を忘れて楽しめるロマンティックオペラ

チェネレントラ（シンデレラ）

♪

ディズニーのシンデレラばかりが、シンデレラじゃない。シンデレラの類話は世界中にある。いかにこのヒロインが愛されているかの証だ。

原　作／ペロー童話集より『サンドリヨン』（一六九七年）フランス語。
オペラ／ロッシーニ作曲『チェネレントラ（シンデレラ）』（一八一七年初演）
全二幕約二時間半。イタリア語。

シャルル・ペロー（Charles Perrault／一六二八〜一七〇三）
フランス生まれ。パリの裕福な弁護士の家庭に生まれ、自らも弁護士として活躍。宰相コルベールに認められ、ルイ十四世に仕える一方で、詩人としても活動。一六七一年アカデミー・フランセーズ会員。

ジョアキーノ・アントーニオ・ロッシーニ（Gioacchino Antonio Rossini／一七九二〜一八六八）
イタリア生まれ。音楽家の両親の元、ボローニャの音楽学校に学ぶ。十八歳でオペラ作曲家としてデビュー。一躍人気作曲家となり、『セヴィリアの理髪師』『ウィリアム・テル』などを残した。

原作『シンデレラ』について

童話が大人向けのオペラになるのか？

――ひろびろとしたモダンなリビングで、旬《しゅん》は美咲《みさき》先輩のＤＶＤをセットする。先輩はコーヒーを用意してくれている。

美咲　シンデレラは、知ってるわよね。

旬　『シンデレラ姫』ですか。小さいころ、絵本で読みました。ディズニーのアニメでも見たかな。継母《ままはは》や姉さんたちにいじめられ、こき使われ、いつも台所の暖炉のそばで寝ていたので、灰まみれになっていた。そうだ、たしかシンデレラというのは、「灰かぶり」という意味でしたね。

美咲　そう。フランス語ではサンドリヨン、イタリア語でチェネレントラ、「灰かぶりっ子」の物語。で、その先は？

旬　うろ覚えですけど、たしか、魔法使いのおばあさんが出てきて、シンデレラをお城の舞踏会《ぶとうかい》へ行かせてくれる。カボチャの馬車でね。舞踏会では、王子がシンデレラに一目惚《ひとめぼ》れして、妃にしたいと思う。ダンスを踊っただけでもう結婚を決めてしまうんだから、この王子、もしかして相当もてないヤツだったんじゃないですか。

美咲　それだけシンデレラが、すてきだったということでしょ。

旬　そういう意見もありますね。で、結婚を申し込もうと思ったら、シンデレラは逃げてしまう。なぜかというと、真夜中の十二時には魔法がとけるから。でもあわてて走ったんで、はいていたガラスの靴を、片方階段に落っことしていった。王子はその靴をたよりに彼女をさがしあて、最後はめでたしめでたし。これって、いかにも女の子が好きそうな話ですね。美咲さんにもこんなお話に憧れた時代があったんですか。

美咲　旬君には面白くなかった？

旬　そうですね。男はあまり見ないんじゃないですか。大人が観るようなオペラになるんですかね。

美咲　このままなら、ちょっとね。

旬　ていうことは変えてあるんだ。

美咲　もちろんそう。だって、オペラが一番重視するのはなんだった？

旬　声。あ、そうか、わかった。童話のとおりだと、女の声ばかりで単調になる。もっと男の声を増やしたんだ。ということは、筋も複雑になっているわけですね。

美咲　実をいうと、もともとのシンデレラのお話自体、決して単純なものではなかったのよ。

旬　え、どういうことですか。

美咲　シンデレラのお話は有名なものでもフランスのペローのものと、ドイツのグリム兄弟のものがあって、両者は細かい点で決定的に違っているの。

旬　まず、原作からしていろいろあるということですね。

『ペロー童話集』のシンデレラと、『グリム童話集』のシンデレラ

驚くなかれ、シンデレラの類話は、世界中に五百以上ある。そのどれにも共通する点は、二つ。

まず、主人公の身分が、もとは高く、次いで低く、最後は以前よりもっと高く、というふうに変化し、身分が低いときにいじめられていたこと。

もう一つは、持ちもの、たいていは履きものによって本人と確認されること。

この二点に、それぞれの土地柄だの、文化や時代の影響だのが加わり、少しずつ違ったシンデレラになっている。そんな数多くのシンデレラのうち、もっともよく知られているのが、ペローとグリム兄弟によるものだろう。

ペローは、十七世紀フランスの宮廷詩人。グリム兄弟は、十九世紀ドイツの言語学者で、兄弟は各地の民話を収集し、集めた民話を楽しく読ませるため、少し手を入れている。それで二つのシンデレラには、いくつかの目立った違いが生まれることになった。どちらがいい悪いの問題ではないが、ペローのには物語自体がもつ華やかさがあり、グリムのには民話本来の残酷さと精神性が見られる。

たとえば、最後にいじわるな姉さんたちは、ペローではやさしく許されているのに、グリムでは小鳥に突つかれ目をつぶされてしまう。落とした靴も、ペローはガラス、グリムは金だ。王子の行動力にも差があり、ペローでは家来にシンデレラをさがさせるけれど、グリムでは、自らさがしに行く。つまりペローの王子は、貧しい姿のシンデレラを一度も見る機会がなかった。

さらに大きな違いは、シンデレラがどうやって舞踏会へ行くかという部分にある。グリムでは小鳥がドレスをくれる、という地味な展開なのだが、ペローのは派手で、魔法使いが畑のカボチャを四輪馬車に、ネズミを馬に、トカゲを従者に変えてくれる。しかも夜中の十二時までに帰らなければ魔法がとける、というサスペンスまで加わり、読者をハラハラさせもする。

とはいえ両方とも、最後は靴によって本人とわかり、王子と結婚して高い身分に引き上げられるという、基本の二点は変わらない。

性格が違うペローとグリムのヒロイン

旬　なるほどずいぶん違いますね。

美咲　どう思った？

旬　一番違うのは、シンデレラの性格かな。ペローでは、何もせず、じっと我慢して、棚ぼたを待っているという感じ。グリムでは、けっこう努力家だし知恵もある。死んだ母親の墓のそばにハシバミの木を植えて、大きく育てながら毎日祈ったりするし、舞踏会へ行っても三回とも、王子とダンスを踊っているのに理由も告げずに帰ってしまう。これは女性がよくやる手ですね。

美咲 あら、だいぶ痛い目にあったことがあるようね？

旬 まあね。逃げれば相手は追ってくるって、グリムのシンデレラは知ってたんじゃないですか。頭がいい。

美咲 そんな策謀家《さくぼうか》は嫌いなわけね？

旬 いや、ひどい境遇から抜け出すため、知恵をふりしぼって闘っているんだから、ペローのシンデレラよりずっと好感がもてますよ。それにペローでは、舞踏会から帰った姉さんたちが、お城にいた美人の噂をしているとき、自分のことと知っているくせに、「あら、わたしもお会いしたかったわ」とか言うじゃないですか。最後に靴を合わせるときも、すごく気をもたせるし、なんだか陰険ですよね。

美咲 じゃあ、グリムのほうが面白かったのね。

旬 それが、おかしいけど、逆なんです。恋人としてどっちか選べっていわれれば、グリムのシンデレラのほうがいいけど、物語としてはペローのほうが楽しかった。

美咲 ペローは、さすが詩人だけあって、イメージが豊かですものね。カボチャの馬車やガラスの靴なんか、今ではもうしっかりシンデレラと結びついているほどだし。

旬　それにしても、このガラスの靴、どのくらい小さかったんだろう。シンデレラ以外の誰も履けないなんて、ありえないでしょう。

美咲　それには、こういう説もあるの。シンデレラに似た民話でもっとも古いのは、九世紀の中国のものとされているの。中国で、ふつうにはありえないほど小さな足、といえば……？

旬　わかった。纏足《てんそく》だ。成人前の女子の足を縛《しば》って、大きくならないようにするやつ。「中国の歴史」のマンガで読んだことがある。

美咲　そう。纏足なら、極端に小さな足の理由が成り立つでしょう。

旬　面白いなあ。ヨーロッパのお姫さまイメージの代表のようなシンデレラのお話が、もともとは中国から来ているなんて。

美咲　でももちろんそれは、ひとつの仮説よ。シンデレラ説話の発生地については、まだ定説はなくて、ペルシャがルーツという説もあるの。

小さな足の秘密

女の子がごく幼い時に親指以外の指を全部、足裏へ曲げて布できつくくるみ、骨を成長させないでおくのが纏足だ。足を奇形にすることだから、当然まともには歩けなくなる。中国の古い風習だが、延々二十世紀初頭まで続いていた。

おそらく纏足のはじめは、小さな可愛い足に女らしい美しさを感じたこと、逃げられないようにするため、さらには性的な理由もあったと思われる。

それがだんだん働く必要のない階級に属していることの証となり、美人の条件になっていくとともに、今度は、女性が自ら積極的に纏足したがるようになった。

現代からみるとおかしなことかもしれない。だがこうした逆転は、さほどめずらしいことではない。別の文化の人間にとっては、どれほど残酷で愚《おろ》かしいことでも、その文化内部にいる者にとっては大事なことはいくらでもある。栄養不良になるまで痩《や》せたがる現代女性も、その意味では似たようなものだ。

シンデレラに話をもどすと、この民話がもし中国から生まれたのだとしたら、シンデレラ纏足説には説得力がある。義理の姉たちの大きな足と異なり、シンデレラの足は小さかった。これはシンデレラが、もともとは働く必要のない階級、つまり姉たちよりもっと上の階級にいたことを示すとともに、女らしい美しさでもはるかに優っていることを意味する。

「醜いアヒルの子」が、さんざん皆からばかにされながら、ある日突如として美しい白鳥になり、大空へ飛んでいったのと同じように、シンデレラもまた高い身分をとりもどし、自分をばかにした者たちの決して手のとどかない彼方へと去ってゆく。

シンデレラ・ストーリーの魅力の秘密は？

シンデレラ、それも特にペローのシンデレラが、これほど愛されている理由はいったい何だろう。

物語のヒロインとして見ると、シンデレラはそう魅力的ではない。受け身で、自主性はなく、ひたすら我慢、また我慢。反抗もしないし、みじめな生活を変える努力もいっさいしない。何かいいことが起こるのを、じっと待っているだけ。

ところが、シンデレラのこの性格こそ、愛される理由なのである。というのは、シンデレラとは、まさしく幼い子どもそのものだからだ。子どもというのは、基本的に自己中心的で、ものの見方も主観的なので、ちょっと大変なことがあると、自分ほどひどい目にあっている者はいないと思う。こんな辛い仕打ちにあっても、無力なため、泣くことと我慢することしかできないと感じている。

そしてそんな子ども時代には、夢が必要になる。実は自分は、こんなところにいるべき人間ではない、ほんとうの親兄弟はどこか別にいて、今の親兄弟が意地悪するのは、自分がみんなより優れているからだ、いつか魔法で逆転劇が起こり、彼らを見返すときがくる――そんな夢だ。

愚かな夢？　いいや、違う。そんな夢をもてない子どもは、辛い日々に押しつぶされる可能性がある。そうならないために、シンデレラの物語は有効なのだ。努力しないで夢がかなった物語だからこそ、子どもの心はなだめられる。無力でも、ありのままの今の自分でいいのだと『シンデレラ』は教えてくれる。それが救いになる。

問題は、いつまでもその夢にしがみつくことだ。大人になってもまだ、シンデレラみたいに、魔法使いがあらわれるのを待つようになっては困る。まさに「シンデレラ・コンプレックス」だ。シンデレラ物語は、辛さを乗り越えるための、あくまで通過点の一つとして楽しむのが心の健康にはよいだろう。

ロッシーニのオペラ『チェネレントラ（シンデレラ）』

解説

世界一有名な童話のヒロインだけあって、シンデレラのオペラ化はかなり早く、十八世紀半ばにはもう作られている。そのあとも続々、新しい『シンデレラ』が量産（二十作ほど知られているが、今ではもうほとんどの作品が残っていない）されたが、早熟の天才といわれたロッシーニの、『チェネレントラ、または善意の勝利』にかなうものはない。メロディーの豊かさ、軽快さ、ロマンティックな筋立て、それに笑いが加わって、オペラの楽しさに満ちあふれている。

このイタリア生まれのロッシーニは、オペラを改革した一人とされる。理由は、装《そう》飾歌唱《しょくかしょう》（声をコロコロころがすなどの技巧的な歌い方）を含むいっさいを、楽譜に書き込み、書かれたもの以外の音符を歌わせなくしたことだ。そんなあたりまえのことを、と思うかもしれないが、それまでの作曲家はこまかい装飾音の歌い方を、舞台上の歌手にまかせきりにしていたので、その日によって、また歌手によって、歌い方が一定していなかった。ロッシーニ以降、そういう勝手は許されなくなった。

『チェネレントラ』にも、ロッシーニらしい華やかな装飾音がたっぷり使われている。聴くほうは楽しいが、歌手はさぞかし大変だろう。しかし人間の喉《のど》が、すばらしい楽器であることを、あらためて教えられる。

登場人物と声

ロッシーニは、当時人気のあったカストラートを、自作にはいっさい起用していない。またソプラノの声が好きではなかったようで、ヒロインにはもっぱらメゾソプラノを使った。したがってヒロインのチェネレントラも、メゾソプラノ。しかし王子は、声の伝統にならい、やはりテノール。二人の意地悪な姉は、ソプラノとメゾソプラノ。

母親に代わって、バスの父親が登場。さらに、童話には出てこない人物二人——王子の教育係（バス）と、王子の従者《じゅうしゃ》（バリトン）——が、重要な役割をはたす。

オペラ『チェネレントラ（シンデレラ）』のあらすじ

第一幕

舞台は、十八世紀の南イタリア。

幕が開くなり、男爵《だんしゃく》家の台所でチェネレントラが歌うのは、あからさまな自分の夢。「昔むかし、一人の王さまが、三人の娘の中から花嫁を選ぶことになりました。虚栄心《きょえいしん》の強い娘や、美しさを誇る娘ではなく、清らかでやさしい娘を選んだのです」

〈昔むかし、一人の王さまが〉

くり返し、くり返しチェネレントラは、この歌をうたって自分を慰めているのだろう。二人の姉——虚栄心の強い長女と、美しさを誇る次女——が、「もういいかげんやめなさい、そんな歌」と怒っている。

ところでこのチェネレントラ、汚れた服を着て、家の仕事を全部させられているけれど、召使いではなく男爵の継娘《ままこ》。彼女を連れて男爵と再婚した実母は、今はもうこの世にいない。それをいいことに義父や姉たちは、チェネレントラにますます辛くあたっている。

ここまでの描写で、どうやらこれはメルヘンではなさそうだと、観客にも想像がつく。メルヘンではないのだから、小鳥がドレスを投げてくれることも、魔法使いがカボチャを四輪馬車へ変えてくれる奇跡も起こらないだろう。ではどうやって、チェネレントラの夢は実現するか、それを真実らしく見せるため、オペラはこのあと、さまざまな工夫をこらしている。

たとえば、王子の老教育係。彼は、未来の王妃にふさわしい娘を見つけだそうと、物乞いに変装して男爵家を訪れる。冷たく追いはらう姉たちに対し、チェネレントラはこっそりパンとコーヒーを分け与えてくれた。教育係は、そんなチェネレントラに感心し、身元を調べることにする。

また、王子も、影の薄かったペローやグリムの王子とは大いに異なり、積極的でしかも近代的な性格の持ち主になっている。「愛のない結婚なんてしたくない」と、はっきり口に出すほどのロマンティストでもある。そこでこう考えた。愛されているのが、王子という身分なのか、それともありのままの自分なのかを、変装して確かめよう。――さすが、あの老教育係に教わっただけあり、似たことを思いつくものだ。

というわけで、従者を王子に化けさせ、自分は従者のかっこうをして、舞踏会への招待状をもち、男爵家へ出かける。当然ながら、姉二人は偽《にせ》の王子をちやほやする。しかしチェネレントラと本物の王子は、お互い一目見て、胸が熱くなってしまう。

独り言も歌になるお約束

旬　この従者が、すっごくおかしい。サイコー！

美咲　ロッシーニらしい、皮肉なユーモアたっぷりの場面よね。ぜんぜん王子さまらしくないバリトンで、大げさな愛の歌をうたう偽王子。

旬　しかも歌いながら、いちいち本物の王子に、これでいいかどうか確かめる。

美咲　お姉さんたちがすっかり信用して、いっしょけんめい自分を売りこもうとするのも、笑いを誘うでしょ。

旬　あ、でも、変だなと思ったところがあるんです。この従者は、「四月のミツバチが軽やかに」と歌いながら、時々、「まるでおれは、ハエにたかられている砂糖みたいだな」とか、「この喜劇が終わったら、悲劇のはじまりだぞ」なんてことも、歌うでしょう？　そんなことを人に聞かれたら、王子じゃないことがばれてしまうんじゃないですか。

美咲　それはかまわないの。というのはね、オペラの場合、実際に口に出した言葉のほかに、考えたことや感じたことも、同じように声に出して歌われるの。その場合、たいていはメロディーの変化だとか、見ぶりなどで、わかるようになっているけど、特にそうなっていなくても、他の登場人物が気がついていなければ、それは心の中で思ったことになる、という約束ごと。歌舞伎でも同じよ。

旬　なるほど。だから、あんな大声で歌っても、大丈夫なんですね。

*

さて、舞踏会への招待状には、「娘三人」と書かれてあった。

ところが義父である男爵は、「娘は二人しかいない。チェネレントラはただの召使いだ」と言い張る。どうして彼がこんな態度をとるかといえば、破産しかけている家を持ちこたえさせるため、チェネレントラが母から譲り受けた個人財産を勝手に使い果たしてしまっていたからだ。男爵の今の望みは、自分の娘を王子と結婚させ、ぜいたくに暮らすことしかない。

この父にして、この子ありで、城へ出かけた姉たちは偽王子の心を得るのにやっきになっている。結婚できるのは一人だけなのだから、もう片方は従者（つまり本物の王子）と結婚してはどうか、と勧めても怒りだすしまつ。さすがの男爵ですら、「どちらが選ばれても思いやりをもつように」と説教するが、競争心の強い二人は聞こうとしない。

一方、置き去りにされたチェネレントラは、台所でまた泣いている。それを助けるのは、王子でも偽王子でも魔法使いでもなく、あの老教育係。チェネレントラが男爵の継娘ということを調べあげた教育係は、この人こそ王妃にふさわしい女性と確信し、舞踏会へ出るしたくをすべてやってくれる。

こうして城へあらわれたチェネレントラは、その美しさで周りを圧倒するのだった。

華やかな導入部

美咲　これで一幕目はおしまい。
旬　男爵はずいぶん悪いヤツだな。単に血のつながらない娘だから、いじめているというんじゃないんだもの。きっとチェネレントラの母親とも、持参金めあてで結婚したんでしょうね。

美咲 後見人や義理の親が、子どもの財産を横領するのは、当時よくあることだったらしいわ。

旬 もろ、犯罪じゃないですか。だけど不思議なことに、この男爵、ちっとも憎めない。最後にはこらしめられるだろうなって、想像がつくからかな。

美咲 音楽のおかげもあるわよ。お城で、ワインを飲みまくり、「三十樽も味見したぞ」と歌う、愉快な場面もあって、悪人とはいえ、コミカルに描かれているでしょ。

旬 従者も男爵も姉二人も、ほとんどギャグの世界で、笑えますね。

第二幕

舞踏会に突如あらわれた美女を見て、みんななんとなく、どこかで会ったような気がしている。でもまさか、あのみすぼらしいチェネレントラだとは思い至らない。

さっそく偽王子が結婚を申し込むが、チェネレントラが選んだのは、偽従者、つまりほんものの王子のほう。「地位も財産もいらないのですか」と聞かれ、「愛情深く、誠実であれば十分です」と答える。そして腕輪をはずして偽従者に差し出し、「これと同じものを持つ者が、ほんとうの私です。それを見て、もしお嫌でなければ、あなたのものになりましょう」と言い残して城を去る。喜んだ偽従者こと王子は、**〈きっと捜し出してみせる〉**と歌う。このアリアは、テノールの聴かせどころ。とはいえ、七分以上もの長さで、しかも最高音が何回も出てくる難曲。うまく決めれば、劇場中が「ブラボー」の嵐になる個所だ。

こうして花嫁を誰にするか決心をかためた王子に、もう変装は必要ない。王子としての生活を楽しんでいた従者もまた、もとにもどらなくてはならない。その前にまず、男爵に真相を打ち明けねば、というわけで、従者はもったいぶった態度、もってまわった言い回しで、これまでのいきさつを話すのだった。びっくり仰天した男爵との、早口のにぎやかな二重唱。それを立ち聞きしていた姉たちは、ショックのあまり卒倒してしまう。

ハイCを楽しむ

旬　王子は、とても高い音を出すんですね。

美咲　素人はふつう一オクターブから、一オクターブ半の範囲でしか歌えないけれど、オペラ歌手は、どのパートでも、二オクターブから三オクターブの音域がなければいけないの。テノールだと、最高音が三点ハ音で、これは別名ハイC（「高いドの音」の意）と呼ばれる、特別の音。パヴァロッティが、「ハイCの王者」と呼ばれていたのは、全盛期にこれを軽々と出せたからなの。気持ちいいくらいにね。

旬　ハイCは、声のウルトラCみたいなものか。

美咲　そう。だからプロでも、テノール全員が出せるとは限らない。人によっては、はじめからキーを下げて歌う場合もあるくらいよ。しかも出せる人でさえ、毎回うまくいくわけではなくて、失敗すると、声がかすれたり、音程があやしくなったり、時にはいわゆる「ひっくりかえった声」になってしまったりするので、緊張するみたい。でもやっぱり聴く側としては、この音を期待しちゃうわね。

旬　マイケル・ジャクソンやマライア・キャリーの声も高くて、快感ですよね。人間というのは高音が好きなのかもしれませんね。ぼくも出してみようか。先輩、聴きたいですか？

美咲　またの機会にね。

＊

真相を知らされた男爵親子は、がっかりして家へもどってくる。

すると暖炉の前ではチェネレントラが、またいつもの歌をうたっていた。姉たちは、舞踏会で見た美女がチェネレントラによく似ていたので少し疑っていたのだけれど、その汚れた姿を見て安心する。

そこへ本物の王子が、嵐をついて（この嵐のシーンの音楽も短いけれど印象的）やって来た。おめでたい男爵は、今度こそ、姉娘が求婚されるものと喜ぶ。だが王子は、チェネレントラの右手の腕輪を見つけ、最初に会ったときから気になっていた彼女が、自分の探し求めていた女性だったと知り、感激する。

――結婚式の日、チェネレントラは義父や姉たちをやさしく許し、許すことで復讐《ふくしゆう》は遂げられたと高らかに歌いあげる。このフィナーレのアリア**〈悲しみと涙に生まれ育ち〉**は、『チェネレントラ』中、もっともよく知られた曲で、これまた難曲中の難曲だ。

こうしてオペラ版〝シンデレラ〟も、童話と同じくハッピーエンドに終わる。靴が腕輪に変わったのは意外かもしれない。しかし主人公の身分が、はじめは高く、やがて低く、最後はもっと高くなること、そして持ちもので本人確認するという基本は変わらない。

自分こそ王子に選ばれる——チェネレントラのその夢は、かなえられた。何かの間違いで今の地位にいるけれど、本来の自分はもっと上にいるはずだという、チェネレントラのひそかな優越感もまた満たされた。それは観客の願いでもあったわけだから、陽気なしめくくりも当然といえよう。

受け身ではないヒロイン

美咲　旬君、何をそんなに感心しているの?

旬　ぼくはこのオペラを観て、がんばらなくちゃいけないって、つくづく思いました。

美咲　あら、すごいわね。どうして?

旬　だって、「シンデレラ・ストーリー」というと、女の子が王子さまに選ばれるという話と理解されているし、グリムでもペローでも王子のほうが結婚相手を選んだ

オペラ『チェネレントラ』より

のに、このオペラ『チェネレントラ』では逆じゃないですか。結婚相手を選んでいるのは女の子のほうです。偽王子に申し込まれても、従者のほうを愛しているって、はっきり断るし、腕輪を渡して、自分を捜すよう命令したりして。

美咲　そうね。女性だからといって、受け身とは限らないわね。

旬　童話より、こっちのチェネレントラのほうが、現実に近いんじゃないかなあ。だって、何かに書いてあったけど、動物の世界では相手を決めるのは圧倒的にメスのほうだといいますよ。人間だって動物なんだから、同じだと思うんです。だからぼくも女の子に選ばれるよう、がんばることにします。

美咲　なるほど。では、つぎは、選ばれたあとその愛を貫けるか……もっと愛を深く学べる作品を観てみましょうか。

第2章

ハンカチ必携！
イタリアオペラの最高峰

椿姫

♪

　パリ社交界の花が、はじめて知った真実の恋。だが彼女は、愛する人のため黙って身を退《ひ》き、死の床につく。——おそらくこのオペラほど、観客のハンカチを涙でぬらした作品はないだろう。

原　作／デュマ『椿姫《つばきひめ》』（一八四八年）フランス語。
オペラ／ヴェルディ作曲『ラ・トラヴィアータ（椿姫）』（一八五三年初演）
全三幕約二時間。イタリア語。

アレクサンドル・デュマ（Alexandre Dumas／一八二四〜一八九五）

フランス生まれ。劇作家、小説家。『モンテ・クリスト伯』で知られる同名の父（大デュマ）と区別するため「小デュマ」「デュマ・フィス（息子）」などと呼ばれる。小説『椿姫』のあとに発表した戯曲《ぎきょく》版で大成功を納めた。

ジュゼッペ・ヴェルディ（Giuseppe Verdi／一八一三〜一九〇一）

イタリア生まれ。オペラ作曲家。パルマ近郊のレ・ロンコーレ村で宿屋の長男として生まれるが、才能を認められ、音楽教育を受けた。代表作は、『リゴレット』『アイーダ』『オテロ』『椿姫』など。

原作『椿姫』について

人気ベスト３に入る名作

美咲　好きなオペラのアンケートをとると、たいていベスト３のなかに入るのがこの『椿姫』なのよ。

旬　へえ、そんなに人気があるんですか。

美咲　そう。クラシック・ファンでなくとも、この作品と『カルメン』の二つは、知らない人がいないくらい有名。

旬　でもぼくはぜんぜん知らなかったです。

美咲　原作者のデュマは？

旬　知ってます、知ってます。『三銃士』と『巌窟王《がんくつおう》（モンテ・クリスト伯）』は、マイ・ベスト３に入ってますから。

美咲　残念だけど、それは別人のデュマ。といっても、父親だけど。

旬　え、父親？　では親子で、作家なんですか。

美咲　どちらも名前が、アレクサンドル・デュマというので、父親を大デュマ、息子のほうを小デュマ（デュマ・フィス）と呼んで区別しているわけ。『椿姫』は小デュマのデビュー作で、実は、自分の体験をもとに書いたものなのよ。

旬　じゃあ、モデル小説なんだ。

美咲　ええ。少しの間だけど、デュマの恋人だったマリー・デュプレシがモデルで、小説と同じように、若くして結核で死んでしまったの。彼女の死後すぐ、デュマはこれを一気に書きあげたんですって。

旬　「椿姫」っていうくらいだから、どこかのお姫さまだったのですか。

美咲　いいえ、「シンデレラ姫」や「おやゆび姫」と同じで、日本語に翻訳《ほんやく》されるときに付けられただけ。オリジナルタイトルは『椿を持つ婦人』というの。マリーは椿の花が好きで、いつも身につけていたのですって。お姫さまどころか、何人かの金持ちの世話を受けながら、ぜいたくに暮らす、当時のパリにいた「高級娼婦」と呼ばれる女性の一人だった。つまり、世間知らずの若者がそういう境遇の女性と真剣に恋をしてしまったというわけ。その後デュマはお金が続かなくて、けっきょく別れてしまったの。

旬　「娼婦」ってことは他にパトロンがいたわけですよね？

美咲　まあ、道徳的なヒロインとは呼べないわね。そういう女性が主人公ということは、小説が発表されたときも、オペラ化されたときにも、問題になった点なの。でもね、百六十年前のフランス、十九世紀半ば第二次帝政ナポレオン三世のころだけど、その時代の貧しくて教育もない女性には、別の生き方がなかったということも小説を読むとよくわかるの。小デュマはそこもきっちり書いている。

旬　生きるのに必死な女性だったんですね。

美咲　マリーは雑誌のインタビューで、「こういう生き方をしていて辛いのは、私の愛にこたえてくれる人が、ひとりもいないことです」と言っているの。もちろん、デュマに会う前の言葉だけど。

旬　デュマが、それにこたえてあげたんですね。

美咲　そうね。マリーの二十三年間の短い人生で、一番幸せなときだったかもしれない。少なくとも、デュマが彼女を本気で好きだったことは、小説を読めばよくわかる。マリーの悲劇のほんとの原因も、きちんと理解して、共感込めて描いてあるしね。

モデルとなったマリーの生い立ち

マリーは、フランスの小さな漁村で、貧しい鋳掛屋《いかけや》（鍋や釜などの修理をする職業）の次女として生まれた。

小さいころ両親が離婚し、母に連れられてパリへ。母が病死したあとは、また田舎《いなか》の父に引き取られる。ところがこの父は、十四歳のマリーを、近所に住む七十歳の独身男に売りわたしてしまう。現代では信じられないことだが、マリーだけが特別に悲惨だったわけではない。こうでもしないと生きてゆけない人々が、当時はおおぜいいたということだ。

しばらくしてそこを逃げだしたマリーは、住み込みのお手伝いをしたり、傘工場の女工をして働いたあと、もっとましな生活を求めて、単身パリへ出る。そのころのパリは、表面上は華やかな大都会だったが、はっきりした身分差があり、何もせず優雅に暮らす富裕な上流階級もいれば、飢えに苦しむ底辺の人々もいた。産業構造がまだ未成熟だったため、人口に対する仕事量も少なすぎた。まして、女性はなおのこと。

『椿姫』初演時のポスター

『椿姫』のモデルとなった
マリー・デュプレシ

この時代、都会で一人暮らしをするのに、衣食住で年間二百四十八フランが必要とされたが、若い女性には、百七十二フラン以上もらえる職場がなかったといわれる。誰かに仕送りでもしてもらうか、誰かと同居でもしていない限り、生活できないということだ。

マリーもお針子として勤めはじめるが、当時お針子は「娼婦予備軍」といわれていた。給料だけでは暮らしは苦しい。金持ちと知り合い、援助してもらうようになるのは時間の問題だった。ただ、マリーがほかのお針子と違ったのは、群をぬく美しさと魅力で、つきあう相手の身分が、どんどん高くなっていったこと。十八歳になるころにはもう、王侯貴族より派手な暮らしを手に入れていた。

デュマとの出会い

ろくに教育を受けられなかったマリーが、読み書きできるようになったのは、高級娼婦という、この境遇におさまってからだった。だが生まれつき頭は良かったのだろう。身分も教養もある相手とでも、ひるむことなく会話ができた。作家の卵だったデュマと知り合い、たちまち恋におちたのも不思議はない。

二人とも二十歳だった。デュマにはまだ、マリーの贅沢三昧《ぜいたくざんまい》を支えるだけの力はなかった。そしてマリーは、やっと手にしたこの暮らしを、捨てたくはなかった。しかもすでに結核にかかっていて、自分の命が長くないことも知っていた。激しく短い二ヵ月を過ごし、二人は別れる。

デュマは心の傷を癒《いや》すため旅に出て、マリーはその後、ある伯爵《はくしゃく》と結婚した。ところが不運にも伯爵は破産してしまい、病気で死にかかっているマリーをほうって、田舎へひきこもってしまう。マリーは借金だらけのまま、看とる者もなく一人で死んだ。

原作とオペラの相違は？

原作は、デュマの体験をベースにしているため、細かいところまで非常にリアルに描写されている。

たとえば、高級娼婦の遺産が競売にかけられる様子、彼女の死を信じられない恋人が墓をあばいて腐乱死体を確かめるシーン、お客と娼婦のあいだで交わされる下品な会話や、やりとりされる金銭の額、そういうものが詳しく語られるので、この時代のパリがとてもよくわかる（オペラでは、そうした部分はいっさい省かれている）。

一方、原作ではほとんど出てこないのに、オペラで重要な役割を果たすのが、父親。二人の仲を引き裂く、決定的な働きをする。しかも、父親としての言い分、支配階級側の見方というものも、きちんとわかるようになっている。

結末も違う。オペラでは誤解も解け、ある意味、幸福な最期のときを迎えられたが、原作では恋人は臨終に間に合わなかった。

さらに視点の差。男性側から書かれている原作では、なぜ彼女が去っていったか、最後になるまでわからない。そこが、いわば謎になっている。オペラは、女性側からのものなので、相手から罵《ののし》られたり恨《うら》まれたりするのを、観客は自分のことのように辛く感じ、ドラマティックな見せ場にもなる。

こうして、原作とオペラが、うまく表と裏の関係になっているため、両方を知っていると興味は倍加する。

ヴェルディのオペラ『椿姫』

解説

ワーグナーがドイツオペラの頂点であるなら、ヴェルディはイタリアオペラの王だ。しかしワーグナーの音楽が、難解で万人向きではないのに対し、ヴェルディの作品は誰にも親しみやすく、アリアのいくつかは、ポピュラーソングのように口ずさまれている。

そのヴェルディの傑作であり、今ではオペラの代名詞のような『椿姫』だが、初演は大失敗だった。失敗の原因はいろいろ言われているが、最大の理由は、これが「現代劇」（原作が発表された、わずか五年後のオペラ化）だった点にあるだろう。

というのは、それまでオペラといえば、時代をずっとさかのぼった、場所もどこか遠いところの、様式化された物語、というのがふつうだった。自分たちのすぐ隣にいそうな人間が登場することに、観客は拒否反応を示したのだ。たとえば歌舞伎《かぶき》に、テレビのトレンディドラマの主人公が現代ファッションを着込んで登場するのを想像してほしい。『椿姫』が当時、どれだけ斬新なオペラだったかがわかるだろう。

真価は、初演の一年後に認められた。その後の人気は、誰もが知るとおり。

登場人物と声

オペラでのヒロインの名前は、モデルの実名マリーでも小説中のマルグリットでもなく、ヴィオレッタ。声はもちろんソプラノ。このオペラは、いわゆるプリマドンナ・オペラの代表作で、ソプラノは最初から最後まで出ずっぱりの、歌いっぱなし。難しいアリアばかりだし、演技のうまさは要求されるし、笑ったり泣いたり死んだり、とにかく大変。ヴィオレッタ役のソプラノがまずいと、このオペラは失敗ということになる。だから逆に、これほどやりがいのある役はない。ソプラノ歌手が一度はトライしたいと願う、究極の主人公だ。

恋人アルフレード。ひたすらヴィオレッタを恋する純情な若者なので、テノール以外は考えられない。

その父親、ジェルモンはバリトン。出番は少ないけれど、ヴィオレッタとの緊迫した長い二重唱を歌わなければならないし、尊大だったりやさしかったり説得しなくちゃならなかったりと、演技もアルフレード役よりずっと難しいかもしれない。

オペラ『椿姫』のあらすじ

第一幕

ヴィオレッタの屋敷でのにぎやかなパーティーから幕が開く。アルフレードが初めての客として紹介され、すぐ有名な〈乾杯の歌〉に入る。「さあ、酒を飲みほそう。束の間のこの時を、快楽にゆだねよう」と皆で唱和する、いかにもオペラらしい、わくわくする始まりだ。

直後に、ヴィオレッタが血を吐き、別室へ去るのをアルフレードが追いかけ、「ずっと前から、恋しく思っていました。身体に悪い、こんな生活はどうかやめてほしい」と訴える。これまでそんな心づかいをしてくれた人間はいなかったので、その真心に打たれたヴィオレッタは、また次に会う日を約束する。

こうして恋が生まれた。しかし客が帰り、一人になってみると、ヴィオレッタの心は揺れる。アルフレードこそ、長い間求めていた相手だと思う反面、いやいや、これまでどおり、花から花へと飛びまわる蝶のように、楽しく気楽に生きていったほうがいいと思い直す。彼女ははたして、真実の恋を選ぶのだろうか。

タンゴにもなったアリア

旬　開幕前の序曲は、聴きおぼえのあるメロディーでした。

美咲　そうでしょ？　単独でもよく演奏されるし、コンチネンタル・タンゴに編曲されてもいるから、どこかで耳にしたはずだわ。

旬　それにしても、展開がものすごく速い。

美咲　ぐいぐい引きこまれるわね。恋が燃えあがる時の速さと同じ。

旬　原作では、二人が出会うまでが、けっこう長かったのにね。

美咲　それと、視点の違いにも気づいた？　小説は、男性の目から描かれていたけれど、オペラは反対に、ヴィオレッタの目をとおして語られるので、観客はその分、彼女に感情移入しやすくなっているの。

旬　小説では、女性の気持ちがつかめずに男があれこれ悩んでいたもんなあ。オペラを観ると、女性も悩んでいたことがよくわかりました。こっちが苦しんでいるときは、相手もそうなんだ……心配することはないな。

美咲　旬君、もしかして、自分のことを言ってない？

旬　それはそうと、さっきからひとつ気になっていたんですが、結核は伝染病なのに、周りの人たちはどうして平気なのかな。

美咲　おお、鋭い指摘！

「白いペスト」

この当時、結核は「白いペスト」と呼ばれていた。

中世から近世にかけてのヨーロッパで何度も大流行し、最悪の時には人口の四分の一を減らすほどの猛威をふるったペストは、またの名を黒死病ともいわれた。これは内出血のため、全身が黒くなって死ぬところからきている。そのペストの「黒」に対して、「白」は結核の意味だ。どれほど結核が恐れられていたか、わかるだろう。

原因も治療法も知られていなかったので、いったん肺を侵されたら、あとは死ぬのを少しでも先延ばしできるよう、気候のよいところへ移って栄養をとり、身体を休めるくらいしか対処法はなかった。しかもそうしたところで、ほとんどは、三十歳まで生きられなかった。毎晩の乱痴気パーティーで、死に対する恐怖をまぎらわせようとしたヴィオレッタの気持ちが理解できるだろう。

ところで、結核が伝染病とわかったのは、一八六五年。『椿姫』の書かれた、十七年後だ（結核菌の発見は、さらにその十七年後の一八八二年）。空気感染するなど思いもよらないから、ヴィオレッタは隔離されることなく平気で人前に出ていたのだし、みんなも受け入れていたのだ。

第二幕

パーティーから半年後。二人は、田舎で幸せに暮らしている。ヴィオレッタは社交界にもう何の未練もなく、体調も持ち直してきている。

ある日のこと、アルフレードの留守中に、彼の父ジェルモンが訪ねてきた。地方の名士であるこの老紳士は、「あなたに誘惑されて破滅した、無分別な男の父です」などと皮肉な自己紹介をして、娼婦だったヴィオレッタを見下す。息子の財産を狙っている、と疑っていたらしい。

さすがにむっとしたヴィオレッタだが、ほんとうに愛し合っていることを理解してもらいたくて、今の暮らしがどうやって成り立っているかを打ち明ける。それによれば、彼女はアルフレードに知られないよう、自分のお金ですべてをやりくりしていたのだった。そしてそのお金も残り少なくなった今、自分の馬車や宝石も売りに出している。

これを聞いて、ジェルモンは驚く。しかも最初考えていたのと違い、ヴィオレッタがしっかりした尊敬すべき女性だということにも、心を打たれる。にもかかわらずジェルモンは、息子と別れてほしいと頼むのだ。なぜなら、「身分違いのあなたとこのままいっしょにいたら、家名に傷がつくし、アルフレードの妹も結婚できなくなる」からと。

身勝手なこの言い分に、はじめはきっぱり断っていたヴィオレッタだったが、ジェルモンの巧《たく》みな説得は続く。「どうか、わたしたちの貴い犠牲になっていただきたい。あなたはまだ若く美しい。しかし男は気まぐれだから、心変わりしたときに女の過去が許せなくなる。いずれこの関係は不幸に終わるでしょう」――ついにヴィオレッタは、別れを承知してしまう。

それでもなお、ジェルモンは手をゆるめない。

真実を話して別れれば、アルフレードが自殺しかねないのでそれを止め、ヴィオレッタが死ぬ覚悟とわかるとそれも止め、結局は、彼女のほうで心変わりしたと見せかけて、息子に諦めさせるようにと言うのだ。ヴィオレッタは、それをも受け入れる。

二十分つづくジェルモンとヴィオレッタの二重唱

旬　なんて嫌なヤツだ。ジェルモンに比べたら、シンデレラの義父のほうが、ずっとましだ。身分の差？　くそー、腹が立つ。

美咲　よほど頭にきたみたいね。

旬　それはそうですよ。先輩は腹が立たないんですか？　自分の娘をいいところへお嫁にやりたいから、あなたは犠牲になってください、なんて。それがとおるわけ？

美咲　ジェルモンにも、言い分はあるのよ。二人が生活をはじめた田舎の家は、パリのとは比較にならないほど質素なのに、ジェルモンは入ってきたとたん、「なんと贅沢な」と呆《あき》れるでしょ？　ヴィオレッタが今さら倹《つま》しく暮らせるわけがないと感じたのね。「こうした絆は、神に祝福されたものではない」という言葉は、それを含めてのものだと思うわ。

旬　質素に暮らせるかどうか、やってみないとわからないのに。それこそ偏見だ！

美咲　ジェルモンは当時の市民道徳の代表者として、登場するのだもの。彼にとって、ヴィオレッタは、それからはずれた女性なわけ。ついでながら、このオペラの題名『椿姫』は原作からきた通称で、原題は『ラ・トラヴィアータ（道を踏みはずした女）』というのよ。ジェルモンから見て、ヴィオレッタは道を踏みはずしているのだから、倫理上、罰せられて当然なの。清らかな自分の娘とは、明らかに違う世界の住人と見なしている。

旬　どうしてこんな境遇にいるのか、教えてやればよかったのに……いや、言ってもむだか。「この人は、決して許してはくださらない」って、ヴィオレッタは諦めたんだものね。

美咲　ついに身を退くことにしたのは、自分がいてはアルフレードの将来を暗くすると思ったのもあるけれど、もう一つは、子どもを思う親の愛情に負けたのでしょうね。

旬　ここの二重唱は、延々二十分以上もあるのに、どうなるかハラハラして、少しも飽きさせない。二人の気持ちが、次々に変わっていくでしょう。それが音楽で、とてもよくわかった。

＊

ジェルモンが帰ったあと、アルフレードが部屋へ入ってくる。

いつもと同じ態度でいようとしたのに、いつのまにかヴィオレッタは、

「愛してね、アルフレード、私が愛するのと同じように、愛してね！」

と叫んでいた。ここはオペラ前半の、いわばクライマックス。使われているメロディーは、おなじみの序曲のさわりの部分だ。

この言葉を残してヴィオレッタは、永久にアルフレードのもとを去ろうとしているのだが、事情のわからない彼のほうは、少しも深刻に受けとめない。ヴィオレッタはただ用があって、少しの間パリへもどるだけと思っている。その行きちがいがまた切なさをあおる。

だがやがてアルフレードは、ヴィオレッタの置き手紙に気づく。そこには、

「以前の生活にもどります」

と書いてあるではないか。愛想づかしと思わせるために、ヴィオレッタが死ぬ思いで書いた手紙だったが、もちろんアルフレードには通じない。嫉妬《しっと》と怒りのあまり、

「侮辱《ぶじょく》された恨みを晴らしてやるぞ」

とわめく。


世間では認められない立場のヒロインの真心

旬　先輩、な、涙が……？

美咲　クスン。ヴィオレッタの気持ちを思うと……。アルフレードに、

「なぜ泣いているの」

と聞かれ、

「もう大丈夫。ほらね、笑っているでしょ」

と答えるところ、あまりにもいじらしくて。それに比べ、アルフレードの鈍いこと！

「ああ、彼女はほんとにぼくを愛してるんだ」
なんて、そんなのんびりしていていいの？　あなたの父親のせいなのよ、って言いたいところなのに。

旬　今度は怒ってる。

美咲　テノールはノー天気でいいわ。だってそうじゃない？　アルフレードは、「愛してる恋してる」って、ロマンにだけ生きているけど、ヴィオレッタのほうは、陰でお金の工面をしたり、病気や差別と闘ったり、残酷な現実にのしかかられているのよ。

旬　男はもっとしっかりしないとなー。でも、まだ若くて未熟なんだから、許してあげてくださいよ。

美咲　ヴィオレッタも同じ年齢なのよ。

＊

場は変わって、パリ。第一幕より、もっと派手なパーティーが催《もよお》されている。ヴィオレッタを追って、アルフレードがあらわれる。

彼は、ヴィオレッタといっしょにいた男爵に、カードでの賭《か》けを挑《いど》んで、さんざんに勝つ。そしてそのお金を、みんなの目の前でヴィオレッタに投げつけ、恥をかかせる。ショックで彼女は気を失い、アルフレード自身もひどく傷つく。

二重唱、三重唱、そして合唱が加わり、ヴェルディらしい劇的な盛り上がりを見せて、幕が下りる。

第三幕

ヴィオレッタは、うらぶれて、死の床にある。室内は荒廃し、付き添う小間使いが一人。訪ねてくるのも、医者と神父だけ。

何度も読んで、ぼろぼろになった手紙を、彼女はまた取り出す。ジェルモンからの手紙だ。自分が間違っていたことを謝り、今は国外にいるアルフレードにも真相を話したので、近々もどってくるはずだ、と書かれている。

ここはレチタティーヴォではなく、このオペラ唯一の演劇的台詞《せりふ》回しで読みあげられる。読み終わったあとの、暗く、血を吐くような「遅いわ！」の一言は、悲痛この上ない。

待てども待てども、アルフレードは来ない。もう来ないのかもしれない。来ても、間に合わないかもしれない。鏡に映る自分の顔は、やつれて蒼《あお》ざめ、昔の面影はすでにない。アリア**〈過ぎた日の美しい夢よ、さようなら〉**が切々と歌われる。

そこへようやく、アルフレードと父ジェルモンがあらわれた。喜んだヴィオレッタは、着がえて教会へ行こうとするが、もうそんな力は残っていないので、再びベッドへ倒れこむ。けれどそんな時でさえ彼女は、嘆《なげ》き悲しむアルフレードを気づかい、

「大丈夫よ、ほらね、笑っているでしょ」

と、いつもの言葉で慰めるのだった。

早く良くなって、また田舎で幸せに暮らそう、というアルフレードとの二重唱**〈パリを離れて〉**のあと、死を覚悟した彼女は、アルフレードにこう頼む、

「もし、清純な心のやさしい女性があなたを愛したら、その人と結婚して私のことを話してあげてほしい」

と。

そしていよいよ息をひきとる、というその間際、奇跡のように、ふっと意識が蘇《よみがえ》る。

「不思議だわ。痛みがなくなった。ああ、嬉しい、きっと私、生きるんだわ」

笑顔とともに立ち上がった直後、まるで死神の鎌が一閃《いっせん》したかのように、彼女はそのままくずおれる。医者が、

「ご臨終です」

と言う。

死に際の一瞬の覚醒

美咲　あ、旬君も泣いてるじゃない。

旬　う……だって、つい、ヴィオレッタは助かるかもしれないって思ったものですから。

美咲　死に際の一瞬の覚醒。これは医学的にも正確な事実だそうよ。ヴェルディはそれをとてもうまく使っている。それに、このほんの短い、救いの瞬間を見せることで、ヴィオレッタが神に許されたんだってことも、観客に伝わってくるしね。

旬　ぼくはこんな泣けるオペラは嫌だなあ。

美咲　もう観たくない？

旬　いや、そうじゃなくて観たいんですが、でも、誰かといっしょに行くのは嫌だ。

美咲　あら、どうして？

旬　泣くとこ見られたくない。

美咲　音楽に感動して、涙を流せる男性のほうが、よっぽど魅力的じゃないの。

旬　え、ほんとに？　そうかなあ。じゃあ、彼女を誘っても大丈夫かな。

美咲　そうよ。美しいものに対して胸を熱くするのは、人間にとって自然だわ。『椿姫』が毎年必ず、世界のどこかで上演されているというのも、うなずける。

旬　てことは、毎年、何トンくらいの涙の量になるんだろう。

幕間《まくあい》 『チェネレントラ』と『椿姫』関係者たちのパーティーにて

ペロー「チェネレントラのオペラを観て驚いたが、なにかね、登場人物たちの、あの地味な服装は」

ロッシーニ「仕方ありませんよ。これは十八世紀イタリアのお話に置きかえたものなんですから」

グリム「だいたいペローさんだって、この古くからの民話を勝手に、十七世紀フランスの宮廷モードに塗りこめてしまったではありませんか。やれコルネット型の髪だの、顔の付けぼくろだのって」

ペロー「わしは、ルイ十四世に仕える貴族であるぞ。宮廷のダンスパーティー・シーンは、思いきり華やかにするもんじゃ」

チェネレントラの姉「ちょっと待ってよ。わたし、前から言いたいたかったんだけど、チェネレントラが王子さまに選ばれたのは、宝石を縫い込んだドレスが、単にわたしのより立派だったからじゃない？」

ジェルモン「女はこれだからいかん。ヴィオレッタも、裾飾りのついた高価なドレスだの、太い金鎖の腕輪なんかをはめて、流行の最先端を走っておった」

ヴェルディ「しかしオペラにするときは、そういう細部が大事でね。わたしはいつも口を酸っぱくして注意してきた。以前はよく『蝶々《ちょうちょう》夫人《ふじん》』で、着物に靴をはいたまま畳の上を歩くという演出があったそうだが」

衣裳デザイナー「ご心配なく。今のオペラ制作者は、皆かなり勉強していますから。時代考証もきちんとして、間違った服装はできるだけチェックしています」

第3章

悪夢？　それとも現実？
詩人ホフマンが名旋律にのせて語る
失恋の思い出

ホフマン物語

♪

ホフマンの周囲で次々起こる、不思議なできごと。人形のように可愛らしい女性が、ほんとうに機械仕掛けの人形だったり、死ぬまで歌をうたわせる魔法使いがあらわれたり。そしてホフマン自身の影も、美しい悪女に盗まれて……。

原　作／ホフマン『砂男』『影《かげ》を売《う》った男《おとこ》』『クレスペル顧問官《こもんかん》』（一八一五～一九年）ドイツ語。

オペラ／オッフェンバック作曲（一八八一年初演）全五幕約二時間四十分。フランス語。

E・T・A・ホフマン（Ernst Theodor Amadeus Hoffmann／一七七六～一八二二）

ドイツ生まれ。本業は役人でありながら、小説家、詩人、作曲家、音楽評論家、画家としても名を馳せたマルチ芸術家。十九世紀初頭におけるロマン派文学者の代表、幻想文学の奇才として知られる。

ジャック・オッフェンバック（Jacques Offenbach／一八一九～一八八〇）

ドイツ生まれ。運動会でおなじみの『天国と地獄』の作曲者。チェロ奏者として活躍する一方で作曲活動を続け、フランスでいくつものオペレッタを上演した。オペラ『ホフマン物語』は遺作。

原作のホフマン作品について

入れ子構造のオペラ

美咲　まず、言っておきたいのは、『ホフマン物語』という題名の原作はない、ということ。

旬　え、そうなんですか？

美咲　E・T・A・ホフマンという、十九世紀はじめのドイツ人作家を、知っているかしら。バレエで有名な『くるみ割り人形』の原作者でもあるんだけど、フランスの詩人ボードレールや、アメリカの小説家ポーなどに、大きな影響を与えた人。

旬　ポーなら知っています。『モルグ街の殺人事件』は、ミステリーの古典だ。

美咲　『黒猫』は？

旬　読みましたよ。すごく怖いやつ。あ、わかった。このホフマンも、悪夢か現実か、よくわからない変な小説を書いたんですね。

美咲　変な小説、という言い方はどうかと思うけど、たしかに不思議な、幻想的な世界よ。ホフマンを、近代怪奇小説の父と呼ぶ人もいるし。

旬　じゃ、『ホフマン物語』というのはホフマンの一生を、オペラにしたものですか？

美咲　それも違う。このオペラは、わりと凝った構成になっていてね、実際のホフマンが、毎晩、酒場にいりびたっていた事実を、オペラの額縁として、まず使っているの。そしてその酒場で、ホフマンが語って聞かせる三つの話が、その額縁の中に入っているわけ。入れ子構造というのよ。オペラでは珍しいわね。

旬　では、オペラの中のホフマンが話すその物語というのが、本物のホフマンの書いた小説ということですね。ややこしいな。

『砂男』『影を売った男』『クレスペル顧問官』

美咲　使われているのは『砂男』『影を売った男』『クレスペル顧問官』の三作。

旬　「すなおとこ」？

美咲　『砂鬼』という訳もあるわ。これはね、夜ふかしする子を、大人がおどすわけ。早く寝ないと、砂男がくるぞ、砂男は、起きている子どもの目に、両手いっぱいの砂を投げ入れるんだぞ、そして目玉が血だらけになって外へ飛び出すと、それをひろって袋へ入れて、くちばしの尖《とが》った自分の子どもたちに、食わせるんだぞって。

美咲　けっこう、こわいじゃん。

旬　そうなのよ。主人公は、大人になっても砂男のイメージにしばられ続ける。目玉をとりそこなった砂男が、自分をずっとつけまわし、破滅させようとしているのだって、信じてしまうのよ。

美咲　おもしろそー。砂男って、どんな姿で出てくるのかな。

旬　オペラには、出てこないわ。

美咲　なあんだ。がっかり。

旬　その代わり、絶えずホフマンを不幸にしようとする存在がいて、それがホフマンにとっての砂男かな。

美咲　うーん。なんだかよくわからないから、早くオペラを観てみたい。

マルチ・タレント、E・T・A・ホフマン

ホフマンは、今でいう多才なマルチ・タレントだった。

作家にして音楽家、画家にして、しかも役人なのだから驚く。一時期、劇団の楽長をしていたこともあるし、政治家のスキャンダルを漫画にしてからかい、地方へ左遷《させん》されたこともあった。オペラを作曲したり、音楽評論を書いたり、声楽の家庭教師までした。熱烈なモーツァルト・ファンだったので、自分の名前に彼のミドルネームA（アマデウス）を付け足している。

夢想家肌の父親の血と、実務家タイプの母親の血を両方受け継ぎ、いつも精神を引き裂かれるように感じていたらしい。現実と幻想が混じりあう物語を、くり返し書いた。昼は役所勤め、夜は酒場で飲みながら芸術家仲間と語りあったり小説を書くという具合で、いったいいつ休むのだろうという二重生活だった。四十六歳の若さで死んでいる。過労死に近かったようだ。

オッフェンバックのオペラ『ホフマン物語』

解説

ホフマンの晩年と、作曲者オッフェンバックの誕生は重なっている。つまり、二人の活躍時期には、だいたい五十年の開きがあるということだ。

オペレッタの創始者として知られるオッフェンバックは、ドイツ生まれのユダヤ人だが、フランスへ帰化したので作品はフランス語だ。オペラの国籍が入り組んでいるのは前にも触れたが、フランス人の椿姫《つばきひめ》がイタリア語で歌い、ドイツ人のホフマンがフランス語で歌う。面白いがややこしい。

さて、このオッフェンバックだが、百を超えるオペレッタを生んだ人気作曲家だった。中でも『天国と地獄』の調子のいいメロディーは、運動会やカステラのＣＭでも使われているので、知らない人はいないのではないだろうか。このオペレッタで、あの有名なフレンチカンカン（スカートをたくし上げ、脚をすばやく高く上げるショーダンス）が初めてお目見えし、パリっ子を熱狂させた。

『ホフマン物語』は、オッフェンバック唯一のオペラだが、残念なことに彼は、完成前に死んでしまった。弟子が引き継いで仕上げたが、そのため上演ごとに幕の順番や結末が変わる場合がある。

登場人物と声

プロローグ＋第一話＋第二話＋第三話＋エピローグ、と全五幕あり、登場人物はやたら多い。主要人物だけで、十人以上いる。

ただし全幕とおして出るのは、主人公の詩人ホフマン（テノール）と、友人ニクラウスだけ。このニクラウスは男性だが、声はメゾソプラノがふりあてられているので、「ズボン役」といって女性が演じる。

各エピソードに、かつてホフマンが恋した相手（ソプラノ）と、仇《かたき》（バリトンまたはバス）がそれぞれ出てくる。舞台によっては、いろいろな扮装をしたソプラノとバリトンが、一人で三役を兼ねてしまうこともある。どちらがいいとは決められない。なぜなら、別々の歌手が歌えば聴き比べができるし、一人の場合はその演じ分けを楽しめるからだ。

オペラ『ホフマン物語』のあらすじ

プロローグ

時は、十九世紀はじめ。ところは、ドイツのニュールンベルク。

いつもの酒場に、いつものようにホフマンがあらわれる。しかし今夜は、飲むというより、恋人ステラと待ち合わせるためやって来たのだった。なのに酒好きのホフマンのこと、待っているうち、やはりグラスに手を出してしまう。

酔いがまわるのが早そうだ。恋に悩んでいるせいか、「人生は短い。せいぜい楽しもう」と言ったさきから、「明日は、泣くかもしれないのだから」と弱気になる。この様子を、しぶい顔で見ているのは、友人のニクラウスばかりではなかった。店の片隅で、ホフマンの恋仇もじっと睨《にら》んでいる。

そうとは知らないホフマンは、仲間たちにせがまれ、即興で**〈クラインザックの物語〉**を歌う。

「昔、アイゼナックの宮廷に、クラインザックという道化がいた」と、おどけて歌ううち、ステラを思い出し、恋の歌に変わってゆく。「おい、おい、話がおかしくなったぞ」と指摘され、またクラインザックの歌にもどるが、恋していることが皆にばれてしまう。

そっちの話のほうが聞きたい、とねだられたホフマンは、かつて経験した三つの悲しい恋物語を語りはじめた——。

音の響きを楽しむ歌〈クラインザックの物語〉

旬　〈クラインザックの物語〉は、言葉の響きの面白さを聴かせる歌ですね。「アインザックのクラインザック」とか、「クリッククラックと歩くクラインザック」なんて。

美咲　そう。内容は別にどうでもいい。「昔、こんなおかしな道化がいました」というだけのことだから。で、「歩き方はこう、体つきはこう」とリズミカルに歌っていて、「さて、その顔はといえば」ときて、ふいに恋人の顔を思い出し、「ああ、その美しかったこと！」と、ため息とともにメロディーもがらりと変わるでしょ。

旬　そう、そう。そしてまた、「フリックフラック」なんて、もどる。

美咲　人気があるはずよね、この歌は。

旬　ところでホフマンの恋仇は、どうも薄気味悪いですね。

「恋に落ちるより、悪魔に食われるほうがましさ」

とホフマンが言うと、

「やたらと誓いを立てると、あとが怖いですよ」

って、いきなり口をはさむじゃないですか。バリトンだし、こいつが砂男かなと思ったんだけど違いますか？

美咲　どうかしら。『ホフマン物語』は、観客の想像力をかきたてて、さまざまなことを考えさせるオペラなの。そこが『チェネレントラ（シンデレラ）』や『椿姫』とも違う魅力のひとつね。さっきホフマンの仇三人を、全部一人のバリトンが歌う場合もあると話したわね。演出家によっては、プロローグのこの恋仇も含めて、四役すべて演じさせることだってあるのよ。

第一話　最初の恋人、オランピア

イタリアのローマ。ある科学者の家。

ホフマンは、そこの娘オランピアに、一目惚《ひとめぼ》れしてしまう。彼女が社交界へデビューするというので、ホフマンもニクラウスといっしょに、パーティーへ出てきた。オランピアの美しさに、ため息をつく客たち。ホフマンもますます夢中になるが、ニクラウスは、「動きも表情も正確すぎて、生き物の仮面をかぶっているだけに見える」と言う。

それもそのはず、このオランピア、父と名のる科学者が、人形師コッペリウスに制作させた、ゼンマイ仕掛けの人形なのだ。ハープを伴奏にオランピアが歌う〈**小鳥の歌**〉は、装飾音たっぷりの技巧的アリア。そのうえ、いかにも機械が歌っているように、硬ばった響きを出さなければならないのが、難しいところ。

歌のあとホフマンは、ニクラウスの忠告も無視し、オランピアに愛を告白する。何を話しかけても、「ええ、ええ」と答えるだけのオランピアなのに、ホフマンは自分が受け入れられたと信じ込み有頂天になる。ダンスに誘い、踊り始めるが、途中でゼンマイが狂ってオランピアは猛烈な速さで回転しだし、ホフマンは息切れしてひっくり返る。

そんな騒ぎの最中、コッペリウスが、科学者に人形制作費用を請求しに来る。ところがもらえないとわかって怒り、オランピアをばらばらに壊してしまう。目玉のとれた、オランピアの胴体を抱え、逃げ去るコッペリウス。それを見て、激しいショックを受けるホフマン。しかし、周りの人々は、人形に恋したホフマンを嘲《あざけ》って笑うのだった。

歌舞伎の「人形ぶり」と同じオランピアの演技

旬　ぼくはホフマンを笑えなかったなあ。

美咲　そう？

旬　だって、相手のことを何も知らなくても、きれいというだけで、恋することはあると思うんですよね。しかもホフマンは、コッペリウスから買わされた眼鏡をかけていたじゃないですか。あれでますます、目が曇ってしまったわけで。

美咲　せっかく友人のニクラウスが、忠告したのにね。

旬　せめてもう少し早く、人形と気がつけばなあ。あの歌のところででも。

美咲　どう、あのアリア？

旬　傑作！　シンバルをたたく猿のおもちゃを思い出しました。歌っている途中でヒュウウって、テープがゆるむみたいに脱力していって、召使いがあわてて、オランピアの背中のゼンマイを巻くと、また調子よく歌いだす。歌い方も、人形だからわざとなんだけど、まったく感情がこもっていなくて、滑稽《こっけい》なような不気味なような妙な感じ。

美咲　歌が心を表現するものだということが、かえってよくわかるわね。

旬　ただ正確に歌いさえすればいいと思っている下手な歌手みたいな。

美咲　声はきれいだし、高音も延びているのに、ちっとも胸にしみてこない歌手ね。

旬　このオランピアは、そんなふうでいて、人間じゃないから歌が下手なわけではない。ものすごく表現が難しいんじゃないですか。動きも、ぎこちないけど、機械らしくツルツルしていないと。

美咲　歌舞伎《かぶき》の「人形ぶり」と同じ。

旬　「人形ぶり」って？

美咲　歌舞伎の演出法の一つで、人形に扮した役者が、まるで人形遣いに支えられて

オペラ『ホフマン物語』より　

いるみたいに動くの。『本朝廿四孝《ほんちょうにじゅうしこう》』の八重垣姫なんかが、その例よ。

旬　それは知らないけど、思い出した。シュワルツェネッガーのSF映画『ターミネーター』が、まさにそれだ。殺人ロボットで、オランピアとそっくりの無表情なんだ。人間ばなれして、怖かったなあ。

第二話　次の恋人、ジュリエッタ――

イタリアのヴェニス。高級娼婦ジュリエッタの屋敷。

幕が上がってすぐ、流れてくるのは、ジュリエッタとニクラウスの歌う〈**ホフマンの舟歌**〉。ソプラノとメゾソプラノによる、この叙情的な二重唱――「麗《うるわ》しの夜、おお、恋の夜！」――は、耳にしたことのある人も多いだろう。

さてホフマンは、すでにジュリエッタの妖《あや》しい美しさの虜《とりこ》になっているが、彼女にはシュレミールという、影のない恋人がいた。なぜ影がないかといえば、魔術師ダペルトゥットに操られたジュリエッタが、男たちの影を奪っていたからだ。そんなことは知らないホフマンは、ニクラウスが「ここから出よう」と何度すすめても、いうことをきかない。

ダペルトゥットは、輝くダイヤモンドとひきかえに、今度はホフマンを誘惑するよう、ジュリエッタに命じる。彼女の愛を得るためホフマンは、シュレミールを決闘で殺し、自分の影も失ってしまう。鏡に自分の姿が映らないのを見て、ホフマンが愕然《がくぜん》としているうちに、ジュリエッタは笑いながらダペルトゥットと、ゴンドラに乗って遠ざかってゆく。

ホフマンには霊感があった？

旬　ジュリエッタは、『椿姫』のヴィオレッタと同じ娼婦ですね。

美咲　ここでは、自分の魅力を利用して男たちを破滅させる悪女になっているわね。いいえ、悪女というよりは悪魔の手先ね。原作『影を売った男』では、本性を見抜かれたとたん、調子っぱずれのうなり声を立てて、消えてしまう。そのとき、「部屋じゅうに、黒いカラスの羽ばたきがした」という気味悪さ。

旬　ぼくは原作の小男の描写のほうが怖いです。

「その小男は、おだやかな若々しい顔つきで、こちらへやってきた。ところが目の前にくると、死人みたいに青白い、しなびておどおどした老人の顔になり、うつろな目でじっとこちらを見つめる」

　けっきょく、まるで別な二つの顔をもっているらしいんだけど、それが瞬間、瞬間で変わる。これって背筋がゾクゾクしてこないですか。自分の目が信じられなくなる。

美咲　この小説には、そんな場面がひんぱんに出てくるわね。自分の見ているものが、ほんとうに見えているとおりのものか、疑わしくなってくるという。たぶん、泥《でい》酔《すい》状態のときって、こうなんじゃないかしら。

旬　原作者のホフマンは、オペラと同じく毎晩、酒場で飲んでいたんでしたね。自分の体験を生かしたのかな。

美咲　それはあるみたい。空想力が豊かすぎて、しょっちゅう幻影を見ていたともいうし。夜など、奥さんに幻影を追いはらってもらわないと、眠れなかったんですって。

旬　子どもみたいだな。

美咲　でも、だからこそ、小説の中の、この世ならぬものたちに、迫力が出たのね。

影に宿る人間の魂

旬　それはそうと、ダペルトゥットはなぜ人間の影なんか、ほしがるんだろう。

美咲　肉体と影とは切っても切りはなせないものだから、「体」と「魂」と「影」が同一語という言語も多いんですって。それで昔から影にはいろいろなシンボル解釈があって、その一つに、「魂は影に包まれて死後の世界へ入ってゆく」というのがあるわけ。それからいけば、影がないと魂は行き場を失うことになるでしょう？

旬　そうか、影を奪うことは、魂を奪うのと同じことなのか……でも現実問題として、影なんかなくたって、生きていくのに不便はないですよ。

美咲　ほんとにそう？

旬　もしぼくに影がなかったら……テレビ局が、わっと押し寄せてくるだろうな。奇人変人コーナーの人気者になって、一躍、有名人。いや、その前に、大学の研究所で、実験材料にされてしまうかな。それとも吸血鬼かお化けと思われて嫌われるか。うーん。なくてもかまわないと思っていたものが、案外そうでもなかったりするのかなあ。

影をなくした男

ジュリエッタの恋人で、影を持たない男が登場した。名前は、シュレミール。これを聞いてぴんときた人は、なかなかの読書家のはず。

というのは、E・T・A・ホフマンと同時代の作家、シャミッソーの書いた『影をなくした男』。その主人公の名前が、ペーター・シュレミールだからだ（原題『ペーター・シュレミールの不思議な物語』）。幻想怪奇小説集などには、必ずと言っていいほど入っている有名な短編なので、ストーリーの最初の部分だけいうと――。

貧しいシュレミールは、見知らぬ灰色の男から、奇妙な申し出を受ける。金貨の出てくる魔法の袋とひきかえに、影を売ってほしいと言われたのだ。承知すると、たちまち男はシュレミールの影を地面から器用にはぎとり、くるくる巻くとポケットに入れて持っていってしまう。当初シュレミールは、人から「影がない」と指摘されても平気だったが、騒がれるうち、だんだん説明するのもおっくうになり、人目を避けて暮らすようになる。やがてこの秘密のため恋も失い、人生の幸福をも見失ってゆき……。

と、話は続くが、この小説が愛読される理由は、まさに「影をなくす」というすばらしい着想のおかげだろう。

第三話　三番目の恋人、アントニア

ドイツのミュンヘン。アントニアの家。

ホフマンとアントニアは、互いに愛し合っている。しかしアントニアの父親である顧問官クレスペルが反対しているので、こっそり会うしかない。

アントニアは、歌手だった亡き母親と同じく、胸を病み、歌うのは禁じられていた。歌うと命にかかわるほどなのだが、芸術への情熱は抑えがたい。父やホフマンに止められても、ときどき小声で歌を口ずさんでいた。

そんなある日、母の最期をみとった医者、ミラクル博士がやってくる。先に来ていたホフマンが隠れて見ていると、この怪しげな博士は、アントニアに大声で歌うよう命令する。彼女がためらうと、魔法で母の霊を呼びだしてまで、歌わせようとする。

母に促され、次第に声を張り上げるアントニア。驚いたホフマンは止めようとするのだが、足がすくんで動けない。アントニア、母親、ミラクル博士の、ソプラノ、メゾソプラノ、バリトンによる三重唱〈**いとしい娘よ**〉が終わると、力つきたアントニアはその場に倒れ、息をひきとる。絶望するホフマンを、友人のニクラウスが連れだす。

アントニアの幸せ

旬　ようやく両思いの相手が見つかったら、死なれてしまったんですね……。

美咲　ホフマンにとっては、不幸だったわね。

旬　アントニアだって不幸じゃないですか。

美咲　もちろん、不幸だったと思うわ。でも、私がいう意味は、「歌が好きなのに歌えない、歌えば死んでしまう」という意味での不幸。自分のもっともやりたいことが、できない不幸よ。ホフマンと結ばれなかったことではなくて。

旬　自分のほんとうにしたいことをして命を縮めるのを、いいと思えるかどうかということですね。先輩も仕事に打ち込みすぎて命を縮めないでくださいよ。

美咲　私は、実はまだ何をしたいか、よくわからないの。とりあえず目の前の仕事に誠実であろうとしているけどね。でもほんとうに打ち込めるものが見つかって、そのために少々命が縮んだってかまわない、と思えたら幸せかなあって。今は仕事をするなかでそれを探しているのかもしれないわ。

エピローグ

再び、ニュールンベルクの酒場。

ホフマンは三つの恋物語を語り終えた。聞いていた一人が、「わかった、その三人は全部同じ女性だ」と言い、他の皆も「そう、ステラだ、ステラ」と、今の恋人の名前をはやしたてながら、ホフマンを置いて酒場を出てゆく。

この様子を見ていた恋仇は、そっとほくそ笑む。ホフマンが、ぐでんぐでんに酔いつぶれているので、安心したのだ。そこへ、ステラ（このステラ役は歌わないので歌手でなくともつとまる）が入ってきた。が、ホフマンは彼女を見分けられない。

「どなたですか。オランピア？　いや、あれは壊れた。ジュリエッタ？　いや、あいつは地獄へ落ちた。アントニア？　死んだ」

というばかり。呆《あき》れたステラは、恋仇と腕を組んで、去る。

黙って見送るホフマンのそばへ、ニクラウスがあらわれた。実は、ニクラウスは、詩の女神ミューズの仮の姿だったのだ（ここでニクラウス役が、メゾソプラノだったのが生きる）。女神は、

「我こそ汝《なんじ》の忠実な友。さあ、情熱の嵐を鎮め、詩人として蘇《よみがえ》るがよい」

とホフマンを鼓舞《こぶ》するのだった。

恋と芸術

旬　ホフマンは全部の恋を失ったけれど、芸術の世界は残されていたのですね。
美咲　最後に、
「愛するミューズよ、ぼくはあなたのものです」

と歌うところ、感動的ね。

旬　本物のホフマンも、こうだったのかもしれませんね。

美咲　失恋して詩人になる人は多いというし。

旬　「悪妻を持てば、哲学者になる」――ソクラテス曰く。

美咲　あら、それは逆よ。哲学者の妻になると、女性はどうしても悪妻になってしまうの。

旬　新説だ！　美咲女史曰く！

第4章

日本で上演されたオペラ第一号！
数々の音楽家の魂を刺激しつづけた原作

ファウスト

♪

戯曲『ファウスト』は、文豪ゲーテが六十年近い歳月をかけて完成させた、ドイツ文学の最高峰だ。シューマン、ベルリオーズ、リスト、ワーグナー、マーラーなど、数多くの作曲家によって音楽化されているが、オペラでは、フランス人グノーのロマンティックな作品が、現在までもっとも愛好されている。

原　作／ゲーテ『ファウスト』（一八〇八～三二年）ドイツ語。
オペラ／グノー作曲（一八五九年初演）全五幕約三時間。フランス語。

ヨハン・ヴォルフガング・フォン・ゲーテ（Johann Wolfgang von Goethe／一七四九～一八三二）

ドイツ生まれ。詩人、劇作家、小説家、科学者、哲学者、政治家。『若きウェルテルの悩み』『ファウスト』などのほか、シューベルトの「魔王」「野ばら」、ベートーヴェンの「エグモント」の詩でも知られる。

シャルル・フランソワ・グノー（Charles François Gounod／一八一八～一八九三）

フランス生まれ。ピアニストである母の英才教育のもと、パリ音楽院に入学。二十一歳でローマ大賞を受賞。ローマに留学。『ロメオとジュリエット』もたまに上演される。

原作『ファウスト』について

実在したファウスト

美咲　ファウストというのは、十六世紀前半のドイツに実在した科学者の名前なの。

旬　ほおー。ノーベル賞でも取りましたか。

美咲　ダイナマイトを発明したノーベルによるノーベル賞ができたのは、十九世紀末のこと……。

旬　やだなあ、先輩、ジョークですよ、ジョーク。で、ファウストは何か発明したりしたんですか？

美咲　何かを発明して、後世に名を残したわけではなく、実験中の爆発で死んでしまったことと、その前から、なにやら怪しげな魔法を使うらしい、と噂されていたのが結びついて、ファウスト伝説ができあがったわけ。

「ファウストは悪魔に魂を売りわたし、この世での欲望を全部かなえてもらったけれども、結局は地獄に落ちた」
という物語ね。

旬　マッド・サイエンティストの仲間かあ。

美咲　旬君、ゲーテの『若きウェルテルの悩み』は読んだ？　当時の大ベストセラーなんだけど。

旬　いえ、知りません。

美咲　ナポレオンはこの小説の大ファンで、エジプト遠征にまで持っていって、くり返し読んだそうよ。真似して自分でも下手な恋愛小説を書いたほどなの。ゲーテは、ダンテやシェークスピアとならんで、世界三大詩人と呼ばれている。

旬　すみません。三人とも読んだことないです。

美咲　さて、ファウストの伝説、これはずっと語り伝えられていて、ゲーテも小さいころ人形劇で観たことがあったの。強い印象を受け、ぜひ劇化したいと思い、二十代で書きはじめたけれど、完成したのは、死ぬ前年の八十二歳のときだった。

旬　うわー。六十年もかけたとは。さぞ長いお話なんでしょうね。事典くらい、ぶ厚い本なんですか。

美咲　いいえ。極端に長いわけではないわ。書き直ししたり、書けない時期があったり、間にいろいろな作品を発表しているし、結局それだけかかってしまったのね。

原作は二部構成

原作は、プロローグとしての短い序曲、次いで第一部と第二部から構成されている。序曲では、天国が舞台だ。悪魔メフィストフェレス（略してメフィスト）が、神に賭《か》けを挑《いど》む。ファウストの魂を、どちらが奪うかという賭けだ。神は、「よい人間は、たとえ暗い衝動にとらわれても、正しい道を知っているものだ」と言って、メフィストがファウストを誘惑することを許す。

第一部は、地上。あらゆる学問をきわめながら、結局は、「人は何も知り得ない」ということがわかっただけの老学者ファウストは、失望して死のうとしている。そこへメフィストがあらわれ、「広い世界を見せ、あらゆる快楽を味わわせてやろう」とささやく。

ファウストはその申し出を受け入れ、二人の間で契約が結ばれる。すなわち、この世ではメフィストがファウストの奴隷として仕えるが、もしファウストがある瞬間に心からの満足を得て、「時よ、とまれ。おまえは美しい」と言ったなら、その時こそ、魂を譲りわたすというのだ。

二十代に若返ったファウストは、さっそく恋をし、恋の相手マルガレーテ（愛称グレートヒェン）を破滅させてしまう。

第二部。マルガレーテに対する自責の念から、ファウストは長い昏睡《こんすい》状態に入る。だが目覚めると再び晴れやかな、生きる意欲がわいてきた。

メフィストに連れられて、神聖ローマ帝国の宮廷へ行ったファウストは、帝国の財政を建て直して、皇帝の信任を得る。そしてギリシャ神話の美女ヘレナと結婚し、息子も持つが、その子が死ぬとヘレナはまた冥界《めいかい》へもどってしまった。

ヘレナを失ったファウストは、もはや享楽《きょうらく》の生活には関心を失い、人々の幸福のため何か事業をおこしたいと思う。皇帝から与えられた海沿いの土地に自由な新国家を建設することにし、その工事の最中、感動して思わず、「時よ、とまれ。おまえは美しい！」と叫んでしまう。

賭けに勝ったメフィストは喜ぶが、ファウストの魂は悪魔のものにはならなかった。なぜならその言葉は、自分だけの欲望に満足したからではなく、未来の人類のために発せられたからだ。今は天使となった、かつての恋人マルガレーテの霊に導かれて、ファウストは天国へ昇ってゆく。

グノーのオペラ『ファウスト』

解説

読者を深い思索へ導く『ファウスト』は、音楽家たちの創作意欲を刺激するらしく、多くの作曲家が、音楽化を試みている（ゲーテ自身は、モーツァルトによるオペラ化を夢みたと言われている）。主なものだけでも、

ベルリオーズ『ファウストの劫罰《ごうばつ》』

シューベルト『糸《いと》を紡《つむ》ぐグレートヒェン』

シューマン『ゲーテのファウストからの情景《じょうけい》』

リスト『ファウスト交響曲《こうきょうきょく》』

マーラー『第八交響曲《だいはちこうきょうきょく》』
ムソルグスキー『蚤《のみ》の歌《うた》』
などがある。

オペラもいくつか作られたが、現在も上演されるのはグノーのこの作品と、ボーイトの『メフィストフェレ』くらいだ。なにしろ大作だし、テーマも哲学的なので、原作どおりオペラにしようとしたら、ワーグナーの『ニーベルングの指環《ゆびわ》』なみに、上演に三日も四日もかかる大がかりなものになるかもしれない。

その点グノーも考えて、あまり小難しい話にはしていない。使っているのも、原作の第一部のみ。ファウストの烈《はげ》しい知的欲求や苦しみ、神と悪魔の対立などは思いきって捨て去り、ドラマとしてわかりやすく、音楽的にも親しみやすい、面白いオペラにしたのが、成功の理由だろう。

また、現代でこそ珍しくないが、舞台上に特殊効果を多用しているのが、この作品の発表された当時としては画期的だった。たとえば、

第一幕での、ふいに壁に浮かびあがるマルガレーテの幻

第二幕でメフィストが、とんでもない場所から吹きださせるワイン

終幕での、牢から天国への急激転換など、視覚的にも楽しめる。

ところで、日本で上演されたオペラ第一号は、なんと、この『ファウスト』である。およそ百年前の一八九四年（明治二十七年）、在日外国人の音楽愛好家たちが集まって、東京音楽学校（東京芸術大学音楽学部の前身）の講堂で『ファウスト』第一幕を演じた。観客はきっと、カルチャーショックを感じたことだろう。

登場人物と声

ファウストはテノール。若者に変身した後はいいけれど、最初の老人のときの高い声には、ちょっと違和感がある。でもまあ、短い間だから目をつぶろう。

メフィストは、バス。鷲鼻《わしばな》、尖《とが》った耳、こけた頰《ほほ》、冷たい目、痩《や》せた前かがみの身体を持つ。悪魔が人間に化けたときのイメージは、たいていこれ。筋肉もりもりの悪魔やおでぶの悪魔は、あまり聞かない。

可憐《かれん》な少女マルガレーテは、もちろんソプラノ。

その兄はバリトン。

オペラ『ファウスト』のあらすじ

第一幕

十六世紀のドイツ。老学者ファウスト博士の書斎。

学問一筋で、気がつくと年寄りになっていたファウストは、人生を無駄に過ごしてしまったと悔やんでいる。こんなに勉強しても、何一つわかっていない、もっと遊べ《ぐ》ばよかった、青春時代がなかった、恋なんか一度もしていないもんね、とアリアで愚痴《ち》りまくる。あげくの果てには、呪《のろ》いの言葉を吐き、毒を飲んで死のうとする。

するとその呪いの言葉に応じて、悪魔メフィストがあらわれた。

「死後に魂をくれるなら、青春をとりもどしてあげましょう、そしてこの世のあらゆる快楽を味わわせてあげましょう」

ともちかける。ファウストが迷うのを見たメフィストは、可愛らしいマルガレーテ

の幻を見せ、

「彼女を恋人にすることだってできますよ」

と誘惑する。

ついに契約書へサインするが、ひきかえに、若々しい青年の姿を手に入れることができた。メフィストを随え、これまで知らなかった冒険へと、ファウストは旅立つ。

悪魔との契約の動機

旬　“All work and no play makes Jack a dull boy.”（勉強ばかりして遊ばない子は、だめになる）

美咲　おお、すばらしい英語力じゃない！

旬　受験勉強で唯一好きになれた英語の諺《ことわざ》です。ファウストも、この諺を知っていれば、年とってから嘆《なげ》かなくてすんだのに。

美咲　ほんとね。

旬　これは、「勉強しろ、しろ」とうるさい親を黙らせるためのオペラですかね。

美咲　一幕目で結論だすのはどうかな？　ところでどうしても触れておきたいんだけ

ど、ファウストが悪魔と契約する動機。これがオペラと原作は必ずしも同じではないの。

旬　オペラのファウストは、「青春と恋がほしい」って、しきりに言ってますね。メフィストから若返りの薬をもらったときも、マルガレーテの幻に向かって、「いとしい娘よ、おまえのために」と飲みほす。わかりやすい。原作では違うんですか。

美咲　原作のファウストは、それほど単純ではない。生きるのが嫌になった理由も、「生命とは何か」「宇宙の真理とは何か」を知るため、哲学に法学、神学に医学に化学と、ありとあらゆる学問をきわめてきたのに、知ることができず、絶望したせいなの。だからメフィストの誘いにのったのも、ただ恋のためだけではなかった。

旬　ものすごい、知識欲ですね。

美咲　ええ。でも、そうかといって、オペラの『ファウスト』が底が浅くてつまらないというわけではないんだけど、ドイツ人には不満みたい。それで彼らはグノー作品を『ファウスト』と呼ばず、『マルガレーテ』と呼ぶのよ。

『ファウスト』初演時のポスター

オペラと映画音楽

旬　うん。ほかの作品を観てきて、オペラと原作は同じじゃないことは、よーくわかってきました。それより、この序曲を聴いて感じたんですけど、どことなく映画音楽みたいで、入りやすいのがよかったです。

美咲　それで思い出したけど、欧米の映画には、ずいぶんたくさんオペラ音楽が使われているのよ。流れている曲が、どのオペラのどんな場面かということがわかれば、映画はもっと楽しくなるわ。たとえば『プリティ・ウーマン』に『椿姫』、『危険な情事』に『蝶々夫人』、『地獄の黙示録』に『ニーベルングの指環』の〈**ワルキューレの騎行**〉が、それぞれストーリーに強く関わりをもって、使われているの。

旬　そうなんだ。いやあ、オペラは奥が深いですねえ。ぼくは、どのくらいまで来たんだろう？　入り口から三歩目かな。

美咲　ううん、もう半分来たわよ。

旬　え、ウソ。

美咲　ウソじゃないわ。だって、オペラの魅力がわかってきたでしょう。一山越したと同じ。あとはこのまま自分で進むだけ。どんどん進んでもいいし、立ちどまって、ゆっくりあたりを見まわしていてもいいの。とにかく、楽しめたら、そこがもう中心点よ。

第二幕

町の広場。戦争へ行く兵士たちを見送る人々で、ごったがえしている。

マルガレーテの兄も、出征することになっているのだが、両親がすでに亡くなっているため、一人残る妹が心配でならない。友人のシーベルが、あとのことはまかせろ、と受け請う。彼は、マルガレーテに片思いなのだ。珍しいのは、このシーベル役になるのがソプラノ。メゾソプラノやアルトが、男性役をすることは多いが（『ホフマン物語《ものがたり》』のニクラウスがそうだった）、ソプラノがソプラノに恋しているというのはめったにないから、面白い。

さて、そこへあらわれたのがメフィスト。リズミカルな〈**金《きん》の仔《こ》牛《うし》の歌《うた》**〉を歌い、みんなに酒をふるまったまではよかったが、途中から悪魔の本性をあらわして、不吉な予言をはじめる。シーベルに対しては、

「君が手にした花は、どれも枯れてしまう」

兄に対しては、

「君は、わたしの友だちに殺される」

――どちらも、あとでほんとうになるので怖い。

一方ファウストは、通りかかったマルガレーテに、いっしょけんめい話しかける。でも、見かけが若いだけで、中身は勉強ひとすじ、この道何十年というおじいさんだから、プレイボーイを気取ってもうまくはいかない。ぎこちない誘い方をしているうち、彼女はさっさと行きすぎてしまった。

これを見たメフィストは、手伝ってやるしかないな、と呆《あき》れる。

誇り高いマルガレーテ

旬　ファウストの薄暗い部屋から、一転して明るい戸外。音楽もはじけている。

美咲　優雅なワルツも流れるしね。

旬　それにしても、ファウストはずいぶんあっさりふられたなあ。

「美しいお嬢さま、腕をお貸ししましょう。お家までお送りいたします」

なんて、かっこいい台詞《せりふ》だと思うけど、
「私はお嬢さままでもないし、美しくもありません。送っていただかなくても、ひとりで帰れます」
だもんね。マルガレーテも少し冷たくないですか？

美咲　「お嬢さま」という言葉が、当時と今とでは、意味が違うの。貴族の娘に対してしか使わなかったのよ。だからマルガレーテは、自分は貴族ではなく、庶民階級だということを、きちんと伝えたの。

旬　そうだったのか。つい、階級社会だったのを、忘れてしまう。

美咲　マルガレーテの気品ある様子に、ファウストは最初、貴族のお嬢さまかと思ったのね。それで、そう呼びかけたんだけど、彼女は喜ぶどころか、お世辞は真に受けません、と誇り高い態度で応じる。

旬　だからますます、マルガレーテを好きになってしまった、と。

美咲　毅然《きぜん》としたところがステキよね。

旬　でもこのままじゃファウストは、兄さんの友だちのあのライバルに負けてしまいそうで心配だ。むこうは積極的だから。

美咲　メフィストに助けてもらわないと、どうしようもなさそうね。

旬　そういえばメフィストは、おもしろがって、いろいろ悪さをしていましたね。酒の神バッカスを呼びだしたり、剣を折ったりして悪魔とばれてしまい、十字架を突きつけられて、あわてて逃げたり……、悪魔といっても、ほとんど怖くない。

美咲　悪魔の怖さを感じないのは、私たちが日本人だからかも。文化の違いで、それはしかたないわね。

第三幕

ファウストが、マルガレーテの家を探しあてた。

貧しいけれども清潔なそのたたずまいを、彼女そのもののように思って歌うアリア**〈清らかなこの住まい〉**は、テノールの名曲。最後にやっぱり三点ハ音があるので、歌うほうはきつく、聴くほうは快感。

ところで家の窓辺には、すでにシーベルが置いた花束（はじめシーベルは、摘む花、摘む花すべて枯れてしまったので、聖水で手を清めてようやく花束にすることができた）がある。これではならじとメフィストが、その横に華やかな宝石箱を置く。

マルガレーテ登場。糸を紡ぎながら、〈トゥーレの王〉という民謡（といっても、ゲーテが作詞したバラード）を口ずさむ。

「昔、トゥーレにやさしい王さまがいました。王妃を心から愛していて……」

と歌う合間に、

「あの方はどなたかしら」「立派なご様子だった」

と、ファウストのことを思い出す。

ホフマンが〈クラインザックの物語〉を歌いながら、思いは昔の恋人へ飛んでいったのと同じだ。マルガレーテも、心ここにあらずの状態。歌は、ときどき恋の思いに中断される。

不安と恋心を抱くヒロイン

旬　えぇーっ!?　あんなそっけない返事をしたから、ファウストのことなんか、眼中にないかと思ってた。女性って、何を考えているのか、謎ですね。

美咲　女心は複雑なのよ。

旬　心と態度を一致させてほしいなあ。

美咲　ところで、何気なく口ずさんだ歌に見えながら、〈トゥーレの王〉を選んだことに、彼女の無意識があらわれている。というのは、この歌は、一つの王国の終わりを歌った詩なわけ。黄金時代、つまりマルガレーテの子ども時代は終わり、これまで知らなかった時代がはじまる。それを彼女は予感して、不安を感じているのだわ。

旬　さなぎが蝶になる瞬間なわけですね。脱皮は不安なものだ。

*

糸紡ぎをやめ、ふと窓を見たマルガレーテは、宝石箱に気づく。手にとってみると、中には美しい宝石。今までこんな高価なプレゼントは、もらったことがない。身につけながら、「まるで女王さまみたい」と歌うアリア**〈宝石の歌〉**は、軽快なワルツ。しかも装飾音がたっぷりあって、いわゆる「玉をころがすような声」が楽しめる。うまく歌いきったら、さっきのテノールの〈清らかなこの住まい〉に続き、客席から盛大な「ブラボー！」がわきおこるはず。このブラボーと拍手は、歌手の勲章であると同時に、すぐ次の歌にいかなくてすむから、息をととのえるのにちょうどいい休憩にもなる。

さて、マルガレーテが喜んでいるところへ、すかさずファウストがあらわれ、愛の告白をする。メフィストはその間なにをしているのかといえば、隣の奥さんマルテの注意をそらそうと必死。というのは、この奥さん、マルガレーテの兄に頼まれ、彼女を監視しているからだ。

やがて夜になり、ファウストは帰りたがらないが、マルガレーテは、

「怖いわ。もう帰って。私の心を傷つけないで」

と拒む。いったんは諦めて帰りかけたファウストをけしかけ、もう一度マルガレーテの家に忍び込ませたのは、もちろんメフィストだった。

悪魔の滑稽さと不気味さと

旬　メフィストが主役みたい。

美咲　ふたりを結びつけようと、あれこれ裏工作するのよね。

旬　隣の奥さんとのやりとりが笑わせる。あんな人好きしないメフィストなのに、奥さんはちっとも気にしないで、逆に自分から言い寄っていく。

美咲　彼女のご主人が、浮気して家を出てしまったものだから、メフィストを代わり

にする気なのね。たくましいわ。

旬　メフィストでさえ、たじたじとなって、

「このおばさん、どうでも悪魔と結婚する気らしいぞ」

なんていうから、爆笑もの。

美咲　舞台の端では、ファウストとマルガレーテ、反対側ではメフィストとこの奥さん。二組の対比が鮮やかな、四重唱の場面だったわね。

旬　このへんまで、メフィストは少し滑稽《こっけい》だったのに、最後のあの、ファウストとマルガレーテが一晩を過ごすことになったときの、高笑い。初めてメフィストの底知れない怖ろしさを感じましたよ。

美咲　人の運命を、いいように操っていることが、はっきりわかるからかしら。

旬　ひどく邪悪な存在なんだ、こいつ、と思った。

第四幕

それから一年後。

幕が開くと、マルガレーテが妊娠していることがわかる。しかもファウストに捨て

られたことまで、すぐ明らかになる。

「名前も知らない恋人は、逃げてしまったとさ」

という嘲《あざけ》り笑いが、外からの合唱で聞こえてくるからだ。

「あれほど愛していると言っていたのに、ファウストはどうしたんだ」と観客がやきもきしていると、なんとファウストが暗い顔つきで外を歩いているではないか。どうやら少しは反省して、マルガレーテのところへ行こうとしているらしい。

さっそくメフィストが、

「捨てた女のところへ行っても、しようがない。よそへ行ったほうが歓迎されますよ」

と止める。ファウストが迷いはじめると、勢いづいたメフィストは**〈メフィストフェレスのセレナーデ〉**を歌いだす。

ふつうセレナーデというと、恋人の家の窓の下で夜歌われる、ロマンティックな恋の歌をさすが、メフィストが歌うと、

「愛していると言われて、窓を開けてはいけない。甘くささやかれて、信じてはいけない。娘さん、あんたの指に、婚約指輪がはまるまではね。ハッハッハ」

と、こうなる。弦楽器はパチパチはじくし、いかにも底意地悪い笑い声は入れるし で、まさに悪魔的凄《すご》みたっぷりの、でも、聴くほうにとっては、新鮮で魅力的なアリアだ。

ただしファウストだけは、これを聴いてしょんぼりしている。しょんぼりしてはいるけれど、まだマルガレーテのもとへ帰る気にはなれない。

そこへ怒り狂って登場したのが、マルガレーテの兄。戦地からもどってみると、妹が誰とも知れぬ男の子どもを妊娠していたのだから、まじめ人間には許せないことだった。さっそくファウストに決闘を申し込む。

おや？　誰とも知れないはずなのに、ファウストと知っているじゃないかって？　オペラはこういうふうに、話を早くするため、細かいところにはこだわらないことが、たまにある。

で、この決闘、ファウストには悪魔が加勢しているのだから、ひとたまりもない。兄は以前の予言どおり、刺されて倒れる。ファウストたちは逃げ、町の人々が集まってくる。兄はマルガレーテに向かい、

「おまえのせいで死ぬのだ。呪われろ！」

と、ひどい言葉を吐いて死ぬ。

飽きられ、捨てられたマルガレーテ

美咲　この時代、結婚しないのに子どもができた女性は、後ろ指をさされて、現代からは想像もできないほど、それはひどい目にあったのよ。他人ばかりか家族からも、家の恥と責められるので、逃げ場がなくなってしまう。

旬　マルガレーテは気の毒すぎる。恋人に捨てられただけでも、いいかげん辛いというのに、兄貴から、

「呪われろ！」

なんて言われるし。この兄貴は人間ができてないですね。ほんとに妹のことを、思っていない。

美咲　マルガレーテはとうとう耐えきれず、

「ああ、新たな苦しみ、また新たな罰が」

と叫んで、狂気の中へ逃げこんでしまう。

旬　ファウストは、どうしてこんな仕打ちをするんだろう。さっきまで、あんなに

マルガレーテに夢中になっていたのに。

美咲　観客にとっては、幕が変わっただけだから、ついさっきと思うけど、実際には一年たったんですもの。

旬　飽きたってこと？

美咲　はっきりいえば、そうね。

旬　美咲先輩も、残酷だなあ。

美咲　あら、わたしにそういわれても困るわ、ファウストのことなのに。でもね、思い出してほしいんだけど、ファウストはメフィストと契約するとき、青春をとりもどし、この世のあらゆる快楽を味わわせてもらうことにしたでしょ？　マルガレーテとの恋愛だけでは、飽き足りなくなるのが当然じゃないかしら。

旬　もっと別のほうへ気をひかれたんだ。ああ、そういえばメフィストが、

「よそではもっと歓迎されますよ」

とかいってたから、いろんなところへ連れていってもらっているんだね、きっと。

*

マルガレーテの兄を殺したファウストは、彼女がどれほどショックを受けたかも知らず、メフィストといっしょにブロッケン山で催《もよお》される、魔女の夜会に出ている。メフィストが次々呼びだすおおぜいの美女たちに目移りするファウスト。この場面は、華やかなバレエシーンだ。観客もほっとひと息、というところ。

しかし、竜宮城《りゅうぐうじょう》の浦島太郎《うらしまたろう》もそうだったように、やがて我にかえる瞬間がくる。いっしょに踊っていた若く美しい魔女の口から、ひょいと一匹の赤ネズミが飛び出て、ファウストはぎょっとする。そして自分が今どこにいるかに改めて気づいたとき、目の前にマルガレーテの幻《まぼろし》が……しかも彼女の首には、赤い紐が巻かれているではないか。もしかしてそれは、絞首刑の紐？　ファウストはメフィストが止めるのも聞かず、断固として、「帰る」と言い張った。

魔女の集まるブロッケン山

北ドイツのハルツ山脈で、もっとも高い（標高千百四十二メートル）のが、このブロッケン山だ。この山は、気象変化が激しく、霧が多いことで知られる。

ブロッケン現象という言葉を聞いたことはないだろうか？　山頂で太陽を背にした

とき、自分の影が、頭に七色の虹の輪をつけて前方の霧の中に映ることがある。雲霧が遠い場合は、それが巨大な妖怪のように見えたりする。太陽光線のいたずらなのだが、風が強く雨の多いブロッケン山では、ひんぱんに起こる現象だ。そのため、ここは妖怪の山といわれるようになった。

とりわけヴァルプルギスの夜（四月三十日から、五月一日にかけての夜）には、箒《ほうき》の柄に乗った魔女が集まり、サバト（夜宴）を開くといわれている。魔物たちは、人間の顔をした鳥や獣に化けて踊ったり、洗礼を受けていない子どもをさらってきて、その肉を食べたり、自分たちの悪行を自慢しあったりして、一番鶏が鳴くまでドンチャン騒ぎをするのだそうだ。

ゲーテは、この古くからの言い伝えを『ファウスト』に盛り込んだ。

第五幕

牢獄。処刑前夜。

正気を失ったマルガレーテは、生まれた子どもを殺して、牢につながれている。朝になったら処刑される身だ。

メフィストの手引きで、ファウストが入ってくる。テノール（ファウスト）、バス（メフィスト）、ソプラノ（マルガレーテ）の、緊迫した三重唱**〈早く、早く、さもないと破滅する〉**が歌われる。

だがマルガレーテは、逃げる気はない。どんなに急かされても、頼まれても、強引に連れだそうとされても、きっぱり断る。自分の犯した罪をつぐなうつもりなのだ。

〈天使さま、わたしの魂を天国へ〉のアリアのあと、

「救われた！」

と、天上から声がして、彼女は神に許されたのだった。

原作の第一部だけをオペラ化

旬　え、これで終わり？

美咲　どうしたの。納得できない？

旬　全然できませんよ。マルガレーテの問題は、不満はさておき、いちおう解決されましたよね。でもファウストはどうなるんですか？　地獄行き？　メフィストもどうなるの？　心を入れかえて天国へでも行くのか？　めちゃくちゃ中途半端じゃない

ですか。犯人がわからないままの、ミステリみたいですよ。

美咲　そこまで言うか。楽しくなかったの？　音楽はよくなかった？

旬　いや。すごくよかった。たくさん、好きな曲があった。だからかえって不満なんです。

美咲　こういう終わり方が、嫌いなだけじゃないの。

旬　ああ、そうかもしれない。これ、原作の第一部だけでしたよね。ぼく、戯曲《ぎきょく》って、なんだか苦手で、『ファウスト』だけ原作は読まなかったんだ。でも、決めたぞ。読んでみよう。いろいろ、考えたいことがある。

美咲　それはよかった。ぜひゲーテの言葉の美しさにも、触れてほしいわ。

幕間《まくあい》

ホフマンとゲーテが創りだした、不思議な味わいの登場人物たち

◆ホフマンの登場人物

ゼルペンティア――愛らしいこの女性は、金色がかった緑色の小ヘビの化身。二匹の姉へビと身体をからませ合って、クリスタルの鈴みたいな音色を響かせる。

リンドホルスト――皺《しわ》だらけで、気むずかしい、老いた文書管理官、と見せかけて、実は火の精サラマンダー。禿鷹《はげたか》や鬼百合《おにゆり》に変身することもある。

牡猫《おすねこ》ムル――夏目漱石《なつめそうせき》の『吾輩《わがはい》は猫である』に出てくる、名なしの猫とちがい、教養があって自伝まで書いてしまう猫。学者タイプなので、行動派の友犬に一目置いている。

◆ゲーテの登場人物

オイフォリオン——ファウストとヘレナのあいだに生まれた、早熟の天才少年。高く跳び上がるのが好きで、大空へ飛び立ちたいといつも願っていた。ある日、とうとう両腕をひろげて崖《がけ》から飛び出し、イカロスと同じく墜落《ついらく》死する。だがその姿はすぐ消え、彗星《すいせい》のような光が天へ昇り、あとにはマントと琴だけが残された。

ホムンクルス——ファウストの弟子が化学合成で作った、小さな人造人間。予言の力があるが、フラスコの中でしか生きられない。メフィストたちとギリシャへ行き、海のニンフの貝の玉座に触れて、こなごなになってしまう。

第5章

ファム・ファタールの代表！
誰もが知っている名曲の宝庫

カルメン

♪

フランス人メリメが、スペインへ学術調査に出かけたときのこと。知人から、最近の三面記事、「脱走して山賊になった兵士が、嫉妬のあまり恋人を殺し、処刑された」という話を聞く。これが有名な『カルメン』の物語へと結晶していった。

原　作／メリメ『カルメン』（一八四五年）フランス語。
オペラ／ビゼー作曲（一八七五年初演）全四幕約二時間半。フランス語。

プロスペル・メリメ（Prosper Mérimée／一八〇三〜一八七〇）

フランス生まれ。作家、歴史家、考古学者。パリのブルジョワの家庭に育ち、ナポレオン三世の側近、元老院議員として活躍する一方で、スタンダールと親交があり、戯曲《ぎきょく》や歴史書などを書いた。

ジョルジュ・ビゼー（Georges Bizet／一八三八〜一八七五）

フランス生まれ。両親ともに音楽家。パリ音楽院では、アレヴィ、グノーらに師事。多部門で一等賞を受け、十九歳でローマ大賞を獲得。リストが感服するほどのピアノの腕前を持ちながらも、オペラ作家を目指した。若死にしている。

原作『カルメン』について

外国人から見たイメージのスペイン

旬 やっと『カルメン』にたどりついた。いやあ、長い道のりでした。日本とスペインも、遠く離れているもんなあ。

美咲 旬君は、スペインと聞いて、まっさきに何を連想する?

旬 太陽がぎらぎら輝く、情熱のフラメンコの国。それでもって、カルメンみたいな女性が、いっぱいいる国。闘牛《とうぎゅう》の国。

美咲 ふうん。やっぱりスペインというと、「闘牛、カルメン、フラメンコ」なのね。日本が、「フジヤマ、ゲイシャ、サムライの国」と思われているのと同じ。

旬 いったん抱いたイメージを消すのって、難しいですよ。

美咲 でもカルメンは、スペイン人ではなく、放浪民族だったでしょ。それに恋の相手ドン・ホセも、正確にいえばスペイン人じゃない。

旬　え、どういうこと？

美咲　ホセの生まれたナバラは、もとは別の国だったの。スペインに統合されたのは、『カルメン』が発表された年（一八四五年）の、ほんの数年前のことにすぎない。ホセも原作小説のなかで、

「もしスペイン人が、我が国の悪口を言ったら、ただではすまさないぞ」

と、はっきり自分とスペイン人を区別している。ついでにいうと、このナバラを含むバスク人たちは、現在でもまだ、激しい独立運動を闘っているのよ。

旬　民族問題は複雑ですよね。

美咲　つまり、覚えておきたいのは、この作品は、フランス人の作家が、スペインを舞台に、スペイン人ではない男女の恋愛を描いた小説ということなの。

旬　そしてオペラを作曲したのも、スペイン人じゃない。

美咲　そう。フランス人。

旬　こういうことかな。ハリウッド映画に出てくる日本人が、ぼくたちから見てちょっと変なところがあるみたいに、『カルメン』もスペイン人から見たら、いくらかずれている。

美咲　そうなの。『カルメン』を観るときには、あくまでこれは、「外国人から見たスペインであり、スペイン人である」ということを忘れないようにしないと。特に「セクシーで、男性に対して情熱的なスペイン女性」というイメージは、偏見としか言いようがない。日本女性がみんな「蝶々夫人」とは限らないでしょ。

十九世紀のスペインブーム

地図で見るとわかるが、フランスとスペインは、隣同士だ。

しかし両国の国境には、険しいピレネー山脈が走っており、「ピレネーを越えると、そこはもうアフリカ」と言われるほど、スペインは非ヨーロッパ的と思われている。

理由は、赤土の自然の厳しさだけではない。長くアラブに支配されていて、イスラム教の影響が強く残っているからだ。「人種のるつぼ」なので、言語も混在している。そうしたことが他のヨーロッパ諸国には、エキゾチックな魅力と映るのだろう。

とりわけ十九世紀半ばのフランスでは、一大スペインブームがわきおこり、おびただしい数のスペイン関連図書が出版された。『カルメン』も、その流れに乗って人気を得た。もちろんそれが現代まで読み継がれているのは、小説自体に本物の力があったからだ。作者メリメは考古学者で、後の上院議員。自分自身を「文学のアマチュア」と称していた。スペインへ行ったのは、遺跡の発掘調査のためだ。原作では、「『文明化されたフランス人』が、『〃野蛮な〃スペインおよびジプシー』について研究し、その風習を描いた」という形がとられており、現代的感覚からはたいへん差別的である。

ビゼーのオペラ『カルメン』

解説

当時ビゼーは、ピアニストとして有名でも、オペラ作曲家としては一流と見なされていなかった。『カルメン』の前にも、十作以上オペラを発表しているが、これといって評判になった作品はない。しかも、ついてないことに、『カルメン』初演の三カ月後、三十七歳の若さで急死してしまう。あと一年長く生きていたら、爆発的人気を目にできたはずなのに——。

ここから、一つの伝説が生まれた。

「ビゼーは初演の大失敗を気に病んで自殺した」

というのである。ヴェルディの『椿姫《つばきひめ》』がよい例で、傑作というのは初めはたいてい、世に受け入れられないものだから、『カルメン』も失敗したと誤解されているのだろう。ところが事実は、必ずしもそうではない。

初演のカルメン役、
マリー・ダグー

確かに、批評家たちは厳しかった。初演翌日の新聞には、「低俗」で、「不道徳」で、「ヒロインは不愉快」で、「音楽は陳腐《ちんぷ》」で、となで斬りにされている。にもかかわらず、『カルメン』は中止されることなく、そのまま、四十回以上上演され続けたのである。客は入り続けたのだ。一回で打ち切りになることも珍しくないオペラ公演で、これは決して失敗とはいえない。

ではビゼーは、喜んだか？　いや、やはり気落ちして、上演中のパリを去って田舎《いなか》へ引っ込んでしまった。

彼にしてみれば、有名な原作なので観客は期待しているし、自分ではその期待に十全に応えたと自信があった。成功間違いなしと信じていた。なのに素人受けしただけで、専門家からは総スカンを食った。……失望するのももっともだ。でもだからといって、絶望して命を絶《た》った、というのは真実ではない。

死因は、扁桃腺炎《へんとうせんえん》だった。

大人気〈カルメン序曲〉

旬　批評家がどんなにけなしても、ほんとうにいいものは、結局最後には認められるという例ですね。
美咲　初めの自分の酷評を、後で「不明を恥じる」と、取り消した批評家もいたのよ。
旬　潔《いさぎよ》いヤツだ。気に入った。
美咲　そうね。自説を撤回《てっかい》するのは、勇気がいるから。あるいは、そうさせずにはおかない凄《すご》さが『カルメン』にはあった、ともいえるでしょう。

旬　序曲から、ワクワクするもんね。

美咲　たぶん、この曲を知らない人はいないんじゃない。

旬　パチンコ屋さんの前をとおったら、聞こえてくるし。景気づけにいいんだ、きっと。運動会の定番だし。

美咲　映画音楽にも、よく使われるわ。オーケストラのコンサートでも、単独で演奏されることが多いわね。他にも、アリアや間奏曲をふくめた組曲も作られていて、人気があるのよ。

旬　それにしても、これまた恋愛オペラですね。

美咲　ええ、でも別にわたしの好みで、恋愛ものばかり選んでいるのでもないのよ。オペラというドラマティックな芸術形式には、人生におけるもっともドラマティックな要素、つまり愛と死が、一番テーマになりやすい。愛と死という局面でこそ、人間は自分の本質をさらけだすからじゃない？

旬　それはそうですね。朝起きて、仕事行って、帰ってテレビ見て、飯食って幸せ――というんで、すごい感動もののオペラができたら、それこそ傑作かも。

美咲　…………。

登場人物と声

カルメンは、強烈な個性と魅力をもつ、ファム・ファタール（男を破滅させる女）の代表と言える存在なので、声はやや低いメゾソプラノがぴったり。

その彼女にふりまわされるホセは、テノール。

ホセの許婚《いいなずけ》ミカエラは、清純さのトレードマーク、お下げ髪。だからもちろんソプラノ。

ホセのライバル、闘牛士のエスカミーリョは、バスかバリトン。ふつう低音は地味めな役が多いのに、このオペラでは、登場する場すべてが、思いっきり派手。

音楽の特徴

舞台はスペインでも、作曲したのは一度もスペインへ行ったことのない、フランス人ビゼー。既製《きせい》のスペイン音楽は、ほとんど使われていない。

反市民的で野性的なカルメンとエスカミーリョには、スペイン風の、エキゾチックで歯切れのよいリズムとメロディー、逆にホセとミカエラには、フランス風の、甘く叙情的なメロディーが割りふられていて、音楽は猫の目のように変わる。

超高音を出したり、装飾音を駆使したり、大声で長く延ばしたり、といった本格的なアリアは少なく、どちらかといえばミュージカルに近い。だからオペラ嫌いの人にまで、愛されるともいえる。

オペラ『カルメン』のあらすじ

第一幕

十九世紀はじめ。スペイン南部にある、セヴィリアの煙草《たばこ》工場（ここは実在の工場がモデルになっている。しかもこの工場は現在では大学になっている！）。四、五百人の女工が働いており、軍が警備にあたっていた。

伍長のドン・ホセは、ここの女工たちが苦手だ。なぜなら彼女たちは、故郷ナバラに住む許婚のミカエラと、あまりに違いすぎる。

きょうも昼休みをねらって、おおぜいの男が、女工たちを品定めに集まってきた。無関心なホセは、針金で鎖《くさり》を作っていたが、ひときわ大きなどよめきが起こったので見ると、そこにカルメンがいた。

原作ではこう書かれている。

「私は目を上げました。そうしてあの女を見たのです。ちょうど金曜日でした。忘れようとしても、忘れられません。私はあのカルメンを見たのです。一目見ていやな女だと思いました」

そしてホセは、すぐまた鎖作りにもどる。

男たちに囲まれたカルメンは、

「いつになったら、ぼくらを恋してくれるんだい」

と聞かれ、〈ハバネラ〉の歌でこたえるのだった。

「恋は、気ままな小鳥。誰にも飼いならすことなんかできやしない。呼ばれたって、行きたくなければ行かない」

歌いながら、ただひとり自分に関心を示さないホセに、近づいてゆく。

「恋はジプシー生まれ。掟《おきて》など知らない。好かれなければ、こちらから好いてみせる」

そして持っていた花をホセに投げつけ、笑いながら工場へ入っていってしまう。びっくりしたホセは、

「なんて女だ」

と、罵《ののし》りながらも、その花を拾いあげてこっそりポケットにしまうのだった。

「いやな女」なのに惹《ひ》かれる

旬　ホセは「一目見ていやな女だと思った」というけど、そんなはずはないですよね。もしそうなら、カルメンの投げた花を大事にしまうはずがない。

美咲　「いやな」というのは、恐れの表現だったのかもしれないわね。カルメンと関われば、これまでの自分を見失いそうな予感がしたのでしょう。

旬　『ファウスト』のマルガレーテもそうでしたね。ファウストと知り合って、わけのわからない不安を感じた。

美咲　ホセも、似たような気分だったと思うわ。ミカエラとなら、穏やかな暮らしが

できるのが、わかっているしね。

旬　そのミカエラだけど、原作には出てきませんよね。

美咲　そう。オペラの創作なの。正反対の女性を登場させることで、カルメンの性格をいっそう鮮やかにしたわけ。声でもメロディーでも、二人の対比はくっきりしている。

旬　うん、ぼくはミカエラのほうが、やさしそうで、いいと思いますけどね。カルメンは、ちょっと強すぎる。

「好かれなければ、こちらから好いてみせる。あたしに好かれたら、危ないよ！」

なんて、こういう女性に好かれたら、ぼく、困っちゃいますよ。

美咲　出会うまえから不安を感じているわけね。

旬　むむ。あ、話は変わりますけど、このアリア、どうして〈ハバネラ〉というんですか？　歌詞の中にも、そんな言葉は出てこないですよね。

美咲　ハバネラというのは、このアリアの題名ではないの。もともとは「ハバナの」という意味で、キューバで生まれた、ゆるやかな二拍子の舞曲のこと。

旬　なんだ。そうだったのか。じゃあ、この歌のほんとの題名は？

美咲　〈**恋は野の鳥**〉。でも、今では、〈ハバネラ〉のほうが通りはいいみたい。

＊

女工たちが工場へもどり、しばらくして、騒ぎが起こる。口喧嘩《くちげんか》がもとで、カルメンが相手の女工を、ナイフで傷つけたのだ。

上官がホセに刑務所まで連行するよう、命令する。二人きりになるとカルメンは、

「逃がしてくれたら恋人になってもいい」

とホセにささやく。はじめは無視していた彼も、ついにカルメンの誘惑に負け、

「まるで酔ったみたいだ。ほんとだな、カルメン。おれが愛したら、おまえも愛してくれるな」

と、縄をほどいて逃がしてしまう。

このシーンは、歌手二人に相当な力がないと、嘘っぽくなる。カルメン役はもとより、ホセ役も案外難しい。理性を失う瞬間が、観客に納得できるように、声や動きで表現しなければならない。二人の歌と演技が、うまく絡み合うことが肝心だ。

ところで、カルメンを逃がしたそのやり方が、あまりに不手際だったため、上官に

すぐばれてしまい、犯人を逃亡させた罪で、なんと今度は、ホセが逮捕されて、幕が下りる。

第二幕

一ヵ月後の、リーリャス・パスティアの酒場。

にぎやかなその酒場で、密輸業者の仲間たちと飲みながら、カルメンはホセを待っている。今日はホセが釈放される日なのだ。

そこへ、人気闘牛士エスカミーリョが、取り巻きたちを連れてやってくる。バリトンのアリア中、おそらくもっとも有名な**〈闘牛士の歌〉**が、威勢よくはじまる。

内容は、

「闘牛場は満員だ。地面は血の海だ。みんながおれに期待している。黒い瞳のあの娘の前だから、カッコいいところを見せなくちゃ」

というような、他愛ないものなのだが、一度耳にしたら決して忘れられない、自然で調子のいいメロディーなので、このシーンを楽しみにしている観客は多い。ビゼーはここの楽譜に、わざわざ「傲慢《ごうまん》に（歌う）」と指示を入れている。

このアリアのあとエスカミーリョは、カルメンに目をとめ、自分の恋人にならないかと声をかける。カルメンが、

「今はほかに好きな相手がいる。でも待つのなら、勝手に待てばいい」

と答えると、

「では待とう」

といって去る。

モテる男性の、余裕しゃくしゃくの態度がきまっている。「いつか二人は恋人同士になるんだろうな」と予感させる場でもある。

国技「闘牛」

旬　美咲先輩、本場の闘牛を見たことありますか？
美咲　マドリッドで、一度ね。
旬　スペインの国技ですよね。どんなふうなんですか？
美咲　強烈だったわ。まず空が青いから、影が濃いの。白い砂に、真っ黒な牛の赤い血。闘牛士たちの服装は、金やオレンジや紫。とにかく、色の鮮やかさ、明暗のはっ

きりした対比、それに圧倒されて、クラクラしちゃった。観客の熱狂もものすごいし……。

旬　スポーツなんでしょう？

美咲　スポーツとショーの混じったもの、という感じね。人気闘牛士になるとトップスター扱いよ。もっとも、失敗したら牛に突き殺されてしまうから、命がけだけど。

旬　日本人の闘牛士もいるって、新聞で読んだことがありました。

美咲　いるわよ。日本人のフラメンコダンサーだって多いし。そういう意味では、欧米人の能面師や書道家もそうだけど、芸術の国境の垣根はだんだん低くなってきているかも。

＊

やがてホセが、酒場にあらわれる。カルメンは再会できた喜びで、カスタネットを打ち鳴らして、歌い踊る。ホセのほうも、

「監獄のなかでもずっと、あの花をもっていた。枯れてもなお、強い香りを放っていた」

と、テノールの名アリア〈**花の歌**〉をうたう。〈闘牛士の歌〉とは対照的に、切々と歌いあげる愛の歌だ。

しかしそこへ帰営ラッパ。ホセはあわてて兵舎へもどろうとする。カルメンが、「兵隊なんかやめて、いっしょに密輸の仕事をしよう」とすすめても断る。言い争いになり、「もう別れるしかない」となりかけたその時、以前からカルメンに気があったホセの上官と鉢合わせ。男二人は嫉妬《しっと》から決闘になり、上官を傷つけたホセは、もう軍へはもどれない。密輸業者の仲間に入らざるをえないと知り、勝ち誇るカルメン。

真面目人間が密輸業者の仲間に

旬　これこそ運命のいたずらだなあ。だって、もし上官がこなかったら、ホセはカルメンと別れて、また兵士にもどっていたかもしれないのに。

美咲　さあ、どうかしらね。早い遅いの差はあっても、結局はカルメンの魅力に、また負けていたようにも思うけど。

旬　しかしこんなふうに密輸の仲間になったところで、覚悟が決まってないから、いずれ嫌気がさしますよね。もともとホセは、軍隊で出世したがっていた、真面目人間で、だから刑務所に入っていたとき、カルメンから脱獄《だつごく》用のヤスリを差し入れられても、逃げなかったんですから。

美咲　そうね。それに、とっても親孝行な息子よね。ミカエラとの結婚も、母親を安心させてあげたい、という気持ちから生まれているし。

旬　はじめからカルメンとは、住む世界が違う。

美咲　音楽が、互いに相容《あいい》れない世界だということを強調している。でも、だからこそ惹かれ合うのでしょう。もともと合うはずのない人に、恋焦がれるというテーマは、くり返し文学でも扱われているわ。

旬　思い出した。SFなんだけど、地球の男が、エイリアンの女を愛するんだけど、彼女の身体にふれたら、人間の皮膚は溶けてしまうんだ。それは相手も同じことで、お互いどんなに愛し合っていても、ぜったい結ばれない。

美咲　象徴的な物語ね。

第三幕

その数ヵ月後、密輸業者たちが隠れ家にしている、けわしい岩山。

仕事は順調そうだが、ホセとカルメンの仲がうまくいっていないことが、開幕早々の口争いからわかる。どうやらホセは、もうまともな暮らしにもどれないことに悩み、カルメンの心が離れつつあることにも焦っているようだ。

カルメンのほうは、なにかと縛《しば》りつけたがるホセを、うっとうしく思い、その気持ちを隠すことができない。なにしろ〈ハバネラ〉で、あれだけはっきり自分の恋愛観を歌ったカルメンのこと。自由な小鳥は、自由を失うのを何より嫌う。

仲間の女性二人が、トランプ占いをはじめた。ソプラノの軽やかなメロディーで、自分たちの明るい未来を歌う。そばでカルメンも、トランプをめくると、何回やっても結果は同じ。「まず自分が死に、次いでホセが死ぬ」というのだ。音楽はふいに、暗く無気味な三重唱になる。カルメンは、ホセとのもつれた運命を、受け入れるしかないと覚悟したようだった。

そんなところへ、また闘牛士のエスカミーリョが、カルメンを探してあらわれる。

たまたま出会ったホセにむかい、
「そろそろカルメンが今の恋に飽きてきたころだから、つぎは自分が名乗りをあげにきた」
と言ってしまう。怒ったホセが、剣をぬく。決闘になるが、皆にとめられ、エスカミーリョは意気ようようとひきあげる。

変則的なストーリー

旬　エスカミーリョは、いつも自信満々でうらやましい。

美咲　どうせカルメンは、自分のものになると、信じているんでしょう。ナルシストだから。

旬　ふうん。その言い方。さては先輩、エスカミーリョが嫌いなんですね。

美咲　そうでもないけど……恋に狂って、みっともなくなるホセのほうが、誠意があるように感じてしまうのかしら。

旬　いろいろ気がついたことがありますよ。このオペラは、基本のセオリーとだいぶ違っている。前に、先輩は、オペラは「愛し合うテノールとソプラノを、バリトンとメゾソプラノが邪魔する物語」が基本って言ってたけど、『カルメン』にはあてはまらない。ソプラノのミカエラは、テノールのホセが好き。ところが、ホセはメゾソプラノのカルメンが好きで、カルメンはバリトンのエスカミーリョを好きになる。エスカミーリョはカルメンを口説いている。

美咲　そうね。通常のと違って、「愛し合うバリトンとメゾソプラノを、テノールとソプラノが邪魔する物語」になっているともいえるわね。

旬　さらにいえば、エスカミーリョは、カルメンが好きというより、すごいナルシストで、自分が一番好きなのかもしれない。『カルメン』に描かれているのは、「愛の不毛」ということでしょうかね。

美咲　オペラを観ているうちに人間通になってきたようね。

＊

エスカミーリョと入れ違いに、今度はミカエラが、こんな山奥までやって来た。ホセに、「帰ってほしい」と頼むためだ。

「帰りなさいよ。この仕事はあんたにむかない」

カルメンがそうすすめたものだから、ホセはいきり立つ。彼女の愛が、いまや完全に、自分からエスカミーリョへ移ったことがわかり、

「おれは行かない。死ぬまでおまえと離れない」

と叫ぶ。闘牛士エスカミーリョのスマートさに比べ、恥も外聞もないホセである。するとミカエラは、ホセの母親が明日にも死にそうだと打ち明ける。これを聞くとさすがのホセも、故郷へ帰らざるをえない。

「必ずもどってくる」

と言い残して――。

第四幕

一転して、にぎやかな闘牛場前広場。

これから出場するエスカミーリョとともに、着飾ったカルメンが登場。二人はすでに恋人同士なのがわかる。

物売りや子どもたちの合唱が終わり、みんなは闘牛場へ入ってゆく。が、ホセのいるのに気づいたカルメンだけは、そこに残る。いよいよ二人の、長く息づまる二重唱

のはじまりだ。

「もう一度やり直したい」

「もう愛してないわ」

「別れるなら殺す」

「殺されても、自由を奪われるよりましよ」

　という、やりとりが続く。双方次第に感情がたかぶってくる。カルメンは、決して譲らない。逃げるための嘘もごまかしも、する気はない。抑えがたい自由への衝動のほうが、死より大事なのだ。

　闘牛場では、エスカミーリョが牛を倒したらしい。拍手やどよめき、歓声が聞こえてくる。それをバックに、二人の言い争いは激しさを増し、ついにホセはナイフを抜く。カルメンは少しもひるまず、指輪を投げすてて言う。

「あんたにもらったこの指輪、ほら、返すわよ」

　この一言でホセはナイフを突き立て、カルメンは、うめき声もたてず倒れる。人が集まってきた。カルメンの死体を抱いたホセは、

「おれを逮捕してくれ。おれがやった」

とつぶやき、泣きくずれる。

さまざまな解釈ができる愛の物語

美咲 どうだった？

旬 うーん。これ、ホセがかわいそうにも思えるし、何もカルメンは殺されなくてもいいのにとも思うし、複雑な気分。

美咲 でしょ。『カルメン』をどう解釈するか、それこそ山ほどあるの。一般には、「悪い女に騙された平凡な男の悲劇」ということになっているけど、「ホセはどうしようもないマザコン男で、カルメンのほうこそ被害者だ」と主張する人だっている。カルメンの恋についても「彼女がほんとに探していた相手はエスカミーリョだった」という解釈もあれば、「いや、ホセとの恋が真実の恋だった」というのもあるし。もちろん、「カルメンみたいに生きたい」という女の人もいるでしょう。とにかく、さまざまに受けとれることも、このオペラの魅力ね。

旬 演出によっても、だいぶ変わるでしょうね。

美咲 そうなの。そして、カルメンを演じる歌手次第で、また違ってくる。ただの浮気っぽい女性に見えたり、野性的だったり、知的だったり、可愛らしかったり、何にも束縛されないあまり、「性」まで超越してかえって中性的だったり……。

旬　ホセにもそれは言えますね。力強いテノールだと、カルメンを支配したがる男に思えるし、甘い声なら、被害者に見える。

美咲　ええ。そういう、もろもろのことが重なってのオペラ上演なわけ。だから、『カルメン』に限らず、舞台を一回観ただけで、あまり感心しなかったとしても、それでそのオペラを判断しないでほしいの。自分のイメージする歌手と違っていたり、演出に納得できなかったり、あるいはオーケストラの演奏が間延びしていたためかもしれない。わずか一回だけの経験で、決めつけないようにしてね。

旬　そうか。映画とちがって、舞台は「なまもの」だから、歌手によっても指揮者によっても出来が違うんだ。

美咲　同じ歌手、同じ演奏家、同じ指揮者でさえ、その日の調子によって、すばらしい時とそうでない時があるのよ。でもだんだん、その違いも含めて楽しめるようになってゆくはずだわ。

原作との違いの意味するもの

原作では、なんとカルメンに、夫がいたことになっている。それが片目のガルシアだ。生まれついての悪党で、刑務所に入っていたが出てきて山賊《さんぞく》になり、結局はホセに殺されてしまう。

この人物が、オペラからはすっかり消えてしまった。これはかなり大きな変更だ。なぜならこれにより、カルメンは独身女性となり、いっそう自由になったからだ。けれど、もっと大きなものも、なくなっている。何か？　原作を読んだ者なら、うすうす感じたはずだが、それは犯罪性だ。オペラには、原作のもつ暗い犯罪の影が、ほとんど見られない。

密輸は犯罪だろうって？　確かにそうだが、国家という観念が今とはいくらかちがうので、現代で考える密輸と同じには扱えない。ましてホセは、自分をスペイン人と思っているわけではなかった。

それより、もっと重大な犯罪を問題にしよう。原作のホセは山賊になって、罪のない人を何人も殺している。カルメンも平気で売春したし、盗みをしたし、ホセに夫のガルシアを殺させようとまで企んだ。つまり彼らは、ふつうの人というより犯罪者たちだった。だが、オペラではそうではない。奔放《ほんぽう》ではあるが悪人ではない。

この差は、非常に大きい。

もちろん小説『カルメン』も、面白さという点ではオペラにひけをとらないが、こと「カルメン」というヒロインを問題にした場合、彼女がここまで多くの人々を魅了しつづけているのは、オペラの人物造形によるところが大きい。人種や土地柄による特殊な事件が、普遍的な恋の悲劇へと変わったからだ。つまりカルメンは、もはや犯罪者ではなく、我々の身近な女性になった。理性の及ばない、薄気味悪い異国的存在ではなくひとりの誇り高い、自由を求めてやまない情熱的な女性になった。

そしてそのことによって逆に、カルメンはもっとずっと危険な存在になったのだ。

エピローグ

もっと知りたい！　初心者にも楽しめる

オペラいろいろ

オペラってむずかしくない

――旬の恋人（？）が出演した『カルメン』が、無事終わった。

美咲　どうだった？　彼女の舞台は。

旬　なかなかでした。実際の舞台の迫力は、すごかった。

美咲　彼女の姿は、ちゃんと見えた？

旬　オペラグラスを借りていきましたからね、ばっちり。でも、その他おおぜいの一人だから、出たのは第一幕の煙草《たばこ》工場の場と、第四幕の、闘牛場前を行ったり来たりするところだけでしたけど……。

美咲　旬君は何を着ていったの？

旬　お教えのとおり、ノーネクタイだけど上着にポケットチーフでちょっとおしゃれを。

美咲　自分の気分が華やぐことが大切よね。彼女、終わってから何か感想を言ってた？

旬　出番は少ないのに、ずいぶんあがってしまったそうです。それに、市民オペラといっても、主役四人はプロなので、「すぐそばで歌声を聴くと、身体が震えた」と言っていました。いつか、自分もミカエラをやりたいんだって。ほんとはカルメンがやりたいけど、声域がソプラノだからと言ってました。性格的にいったら、ぼくはホセかなあ。そうなると美咲先輩はカルメンか……。

美咲　ええ？　なにごちゃごちゃいってんの？

旬　冗談です。でも、いつの間にかぼくも、すっかりオペラにはまったようです。こんなに楽しいなんて、想像もしていなかった。彼女といろいろ話しているうちに、つぎはイタリアオペラの引っ越し公演（オペラハウスのソリスト、合唱団、オーケストラ、舞台セットなどのすべてが来日しての公演）に行こうという話になって予約したところです。高かったけど……。彼女感激してくれました。「いつかふたりで本場にも観に行きたいわね」なんて言ってくれて。ははは。美咲先輩のご指導のおかげです。ありがとうございました！

美咲　……いろんな意味でお役に立てたみたいね。嬉しいわ。この貸しは大きいわよ。

旬　……え、せ、先輩、引っ越し公演のチケット、あと二枚、送らせていただきます。

美咲　ふふふ、無理しないでいいわよ。さてホントにどうやって返してもらおうかなあ。

観ておきたい、聴いておきたい、その他の名作オペラ

ここまで読んで、「オペラって、けっこう楽しいんだな」と感じた人なら、きっとほかにどんな作品があるのか知りたいのでは。初心者が見てすぐ楽しめるものを、いくつかあげておこう。

『フィガロの結婚』（一七八六年初演）
モーツァルト作曲。全四幕。イタリア語。
原作は、ボーマルシェの戯曲《ぎきょく》『たわけた一日、あるいはフィガロの結婚《けっこん》』。十五世

紀のスペインが舞台だ。セクハラする殿さまを、使用人たちが手を組んでこらしめるというもの。支配者階級の理不尽さを問題にしているので、話が暗くなりそうなものだけれど、そこはそれ、天才モーツァルトの美しい音楽で酔わせ、笑わせる。

特に三幕目の、ソプラノ二人による二重唱〈**そよ風**〉は、映画『ショーシャンクの空《そら》に』で印象的に使われていた。凶悪犯ばかりを集めた刑務所で、この澄みきった曲が流れたとたん、すさんだ男たちの顔にひろがる驚き。彼らがそれまで知らなかった、そして知る機会がなかったゆえに今のこの悲惨な境遇がある、という事実を容赦なく突きつける聖なる音楽。これこそ芸術の力というもの！

『セヴィリアの理髪師』（一八一六年初演）

ロッシーニ作曲。全二幕。イタリア語。

同じ作曲家の『チェネレントラ（シンデレラ）』を楽しく鑑賞できたなら、この作品は絶対おすすめ。喜劇オペラの最高傑作だ。観終わったあとも、心はうきうき、メロディーは頭から消えないはず。

原作は、これもボーマルシェなので、権力への風刺がぴりりと効いている。

悪い後見人のせいで、家に閉じ込められている娘を、なんとか救いだそうとする恋人。そしてそれを助ける理髪師の、奮闘ぶりがおかしい。恋人が変装して家に入りこむと、化けた本人と鉢合わせして大騒ぎになるなど、爆笑シーンの連続だ。弾むような音楽、行動的な登場人物たち、ハラハラドキドキの後のハッピーエンド、何度見ても飽きないオペラがこれ。

『愛の妙薬』（一八三二年初演）

ドニゼッティ作曲。全二幕。イタリア語。

ちょっぴり頭の弱い農夫のネモリーノは、前から地主の娘に恋していたが、全然相手にしてもらえない。そこへあらわれた、ペテン師。口から出まかせの調子のいい口上で、安ワインを「惚《ほ》れ薬」と偽って、ネモリーノに売りつける。それを飲むと、あーら不思議、たくさん女の子が寄ってくるではないか。でも実は……？　笑いと涙のハッピーエンドが嬉しい。

ほんわかしたムードと、明るく澄んだ美声を要求される主人公ネモリーノ役は、三大テノールの一人パヴァロッティの独壇場《どくだんじょう》といっていい。二幕目で歌われる**〈人知れ**

ぬ涙〉は、テノールの名曲。高音を楽しめる。

『さまよえるオランダ人』（一八四三年初演）

ワーグナー作曲。三幕または休憩なしの一幕。ドイツ語。

ワーグナーのオペラといえば、長大で難解。襟を正して聴かせていただきます、という感じがするけれど、この作品は入りやすい。幽霊船《ゆうれいせん》が、暗い海に忽然《こつぜん》とあらわれるシーン、また最後の沈没シーンが、スペクタクルな見せ場になっている。それと、幽霊船から聞こえてくる合唱曲ほどこわーい合唱曲は、ちょっとほかにはない。

神罰で永遠に七つの海をさまよわなければならない幽霊船の船長が、少女の死をかけた愛によって救われるロマン。

『イル・トロヴァトーレ』（一八五三年初演）

ヴェルディ作曲。全四幕。イタリア語。

『アイーダ』『リゴレット』『ドン・カルロ』と、ヴェルディのオペラは、どれを選ぶか悩むほど。しかし、いかにもイタリアオペラらしい、華やかで多彩な作品というと、やはりこの『イル・トロヴァトーレ（吟遊詩人《ぎんゆうしじん》）』だろう。

十五世紀のスペインを舞台に、呪い、兄と弟の宿命の対決、命をかけた恋、そして復讐と、ストーリーも波瀾万丈。音楽も、幕が開いてから閉まるまで、全篇これ聴きどころといっていいほどのすばらしさだ。『椿姫』はややもすると、ソプラノの一人舞台になりがちだが、これはソプラノ、メゾソプラノ、テノール、バリトンのバランスも完璧。二重唱、三重唱の盛り上がりも凄《すご》い。これを観て聴いて、オペラ大ファンになる人も、きっと多いと思う。ぜひ一度、聴いてほしい。

『蝶々《ちょうちょう》 夫人《ふじん》』（一九〇四年初演）

プッチーニ作曲。全二幕。イタリア語。

十五歳の蝶々さんは、家が貧しくて芸者になった。アメリカ海軍中尉ピンカートンは、彼女の可愛らしさに魅かれて、身請《みう》けする。蝶々さんはきちんと結婚したと信じているが、ピンカートンのほうは、単に日本にいる間だけの現地妻のつもり。しばらくすると帰国してしまう。やがて息子を産んだ彼女は、夫の帰りをひたすら待つ。ところが数年後、なんとピンカートンは、アメリカ人の正妻を連れてやって来た……。

〈お江戸日本橋〉〈さくらさくら〉〈君が代〉などが巧《たく》みに織りこまれたメロディーは、日本人の耳になじみやすい。また、蝶々さんが夫の帰りを信じて歌う**〈ある晴れた日に〉**は、涙なしでは聴けません。

『メリー・ウィドウ』（一九〇五年初演）
レハール作曲。全三幕。ドイツ語。
典型的な（つまり甘いラブコメディーということ）オペレッタの名作。
内容は他愛なくて、大富豪のメリー・ウィドウ（陽気な未亡人）が、財産目当てではない男性と、山あり谷ありの末めでたく結ばれる、というもの。でも、陽気な音楽と、楽しいダンスシーンと、笑えるセリフがいっぱいあって、オペラだとちょっとおなかにもたれる、という人におすすめ。

『夕鶴《ゆうづる》』（一九五二年初演）
團伊玖磨《だんいくま》作曲。全一幕。日本語。
傷ついた鶴を救った若者のところへ、美しい女性があらわれて妻になる。彼女が作った織物が高く売れたため、若者は欲をだし、もっとたくさん織るよう命じる。あるとき、見てはいけないと禁じられていた、機織りの部屋をのぞいてみると、やせこけた鶴が自分の羽を抜いて、布を織っていた。最後の一枚を手わたし、鶴は若者のもとを去ってゆく――。民話『鶴女房』のオペラ化。

心にしみるメロディー、自然な日本語を生かしたレチタティーヴォ、木下順二による完成度の高い台本で、日本の創作オペラとしてはダントツの上演回数（六百回以上）を誇り、欧米でも評価されている。

『ジーザス・クライスト・スーパースター』（一九七一年初演）

アンドリュー・ウェーバー作曲。全一幕。英語。

オペレッタでも、まだおなかにもたれる人は、このロック・オペラを観てはどうかな。ノーマン・ジュイソン監督で映画化されたので、ビデオでも手に入る。

発想が奇抜だ。イエス・キリストの、最後の数日間が描かれるわけなのだけれど、イエスもユダもマリアも、ロックで歌い、激しく踊る。音楽の力強い美しさ、民衆に翻弄される若者たちの葛藤など、観終わったあとの感動は深く重い。

オペラ原作参考文献

『チェネレントラ（シンデレラ）』

ペロー版／辻昶訳『サンドリヨン』（学研）
八木田宜子訳『世界むかし話1』（ほるぷ出版）
グリム版／大塚勇三訳『グリムの昔話1』（福音館書店）
小澤俊夫訳『完訳グリム童話Ⅲ』（ぎょうせい）

『椿姫』

小デュマ著
吉村正一郎訳『椿姫』（岩波文庫）
新庄嘉章訳『椿姫』（新潮文庫）
岡上鈴江文『椿姫』（偕成社）

『ホフマン物語』

Ｅ・Ｔ・Ａ・ホフマン原作

石丸静雄訳『ホフマン物語』（新潮文庫）

種村季弘訳『砂男／不気味なもの』（河出文庫）

前川道介他訳『ドイツ・ロマン派全集３ホフマン』（国書刊行会）

『ファウスト』

ゲーテ著

相良守峯訳『ファウスト上・下』（岩波文庫）

森林太郎訳『ファウスト１・２』（岩波文庫・復刊版）

高橋義孝訳『ファウスト１・２』（新潮文庫）

手塚富雄訳『ファウスト』全３冊（中公文庫）

山下肇他訳『ゲーテ全集３』（潮出版社）

『カルメン』

メリメ著

杉捷夫訳『カルメン』（岩波文庫）
堀口大學訳『カルメン』（新潮文庫）
杉捷夫他訳『メリメ全集2』（河出書房）

※現在も書店で入手できる本を紹介しましたが、大きな図書館でないと読むことができない本もあります。

名作オペラと題材

〈十七〜十八世紀前半〉

☆やはり今聴くと少々のんびり感があって、初心者には辛い。

ペーリ　『**エウリディーチェ**』　神話・伝説

モンテヴェルディ　『**オルフェオ**』　神話・伝説

『**ポッペアの戴冠**』　歴史

リュリ　『**ペルセウス**』　神話

パーセル　『**ダイドーとイーニアス**』←ウェルギリウス『**アエネイス**』

ヘンデル　『**ジュリアス・シーザー**』　シェークスピア

『**セルセ**』　歴史

〈十八～十九世紀前半〉

☆このあたりからオペラは楽しくなってくる。

モーツァルト　『フィガロの結婚』　ボーマルシェ
　　　　　　　『ドン・ジョヴァンニ』　民間伝説
ケルビーニ　『メディア』　神話・伝説
グルック　『オルフェとエウリディーチェ』　神話・伝説
ベートーヴェン　『フィデリオ』　実話とされる民間伝承
ウェーバー　『魔弾の射手』　民間伝説
マイヤベーア　『ユグノー教徒』　歴史
ロッシーニ　『チェネレントラ（シンデレラ）』　ペロー
　　　　　　『セヴィリアの理髪師』　ボーマルシェ
ドニゼッティ　『アンナ・ボレーナ』　歴史
　　　　　　　『ランメルモールのルチア』　スコット
ベッリーニ　『ノルマ』　歴史

ベルリオーズ　『カプレーティとモンテッキ』　シェークスピア
『トロイの人々』　神話

〈十九世紀〉　☆まさにオペラの時代！

ヴェルディ　『ナブッコ』（ネブカドネザル）　聖書
『椿姫』　デュマ・フィス
『リゴレット』　ユゴー
『ドン・カルロ』　シラー

ワーグナー　『さまよえるオランダ人』　民間伝説
『トリスタンとイゾルデ』　神話・伝説
『ニーベルングの指環』　神話・伝説

グノー　『ファウスト』　ゲーテ
『ロメオとジュリエット』　シェークスピア

オッフェンバック　『ホフマン物語』　ホフマン

スッペ　『天国と地獄』　神話・伝説
ポンキエッリ　『ボッカッチョ』　ボッカチオ
サン=サーンス　『ラ・ジョコンダ』　ユゴー
ビゼー　『サムソンとデリラ』　聖書
ボーイト　『カルメン』　メリメ
マスネ　『メフィストフェレ』　ゲーテ
フンパーディンク　『ウェルテル』　ゲーテ
チャイコフスキー　『ヘンゼルとグレーテル』　グリム
　『エウゲニー・オネーギン』　プーシキン
　『スペードの女王』　プーシキン

〈近代・現代〉

☆「オペラは死んだ」と言われたところへプッチーニとR・シュトラウスが登場！

プッチーニ　『マノン・レスコー』　プレヴォー

『ラ・ボエーム』　ミュルジェール
『蝶々夫人』　ロング
『トゥーランドット』　ゴッツィ
R・シュトラウス　『サロメ』　聖書
『エレクトラ』　神話・伝説
ヴァイル　『三文オペラ』　ブレヒト
ドビュッシー　『ペレアスとメリザンド』　メーテルリンク
團伊玖磨　『夕鶴』　木下順二
ベルク　『ルル』　ヴェーデキント

〈シェークスピアは題材として大人気〉
☆もちろん登場人物の数は大幅に少なくなっている。

パーセル　『妖精の女王』←『真夏の夜の夢』
『テンペスト』

ヘンデル	『ジュリアス・シーザー』
ヴェラチーニ	『ロザリンダ』←『お気に召すまま』
ディッタースドルフ	『ウィンザーの陽気な女房達』
サリエリ	『ファルスタッフ』←『ウィンザーの陽気な女房達』
ロッシーニ	『オテッロ』←『オセロ』
ヴェルディ	『オテロ』←『オセロ』
	『マクベス』
	『ファルスタッフ』←『ウィンザーの陽気な女房達』
ベルリオーズ	『ベアトリスとベネディクト』←『空騒ぎ』
グノー	『ロメオとジュリエット』
ブルッフ	『ヘルミオーネ』←『冬物語』
トマ	『ハムレット』
ザンドナーイ	『ジュリエッタとロメオ』
ヴォーン・ウィリアムズ	『恋するサー・ジョン』←『ウィンザーの陽気な女房達』
マリピエロ	『ジュリアス・シーザー』

ブリテン　『真夏の夜の夢』
バーバー　『アントニーとクレオパトラ』
ライマン　『リア王』

〈人気だったシラーに題材をとったもの〉

☆最近読まれなくなったドイツ文学の雄だが、オペラの世界と、そしてあのベートーヴェンの『第九』の詩によって生き残っている。

ロッシーニ　『ウィリアム・テル』
ドニゼッティ　『マリア・スチュアルダ』←『メリー・スチュアート』
ヴェルディ　『群盗』
『ルイザ・ミラー』←『たくらみと恋』
『ドン・カルロ』

〈ロシア文学に題材をとったもの〉

☆ロシア文学はロシアの作曲家を中心に熱心にオペラ化されている。

チャイコフスキー　**『エウゲニー・オネーギン』**　プーシキン
　『スペードの女王』　プーシキン

ストラヴィンスキー　**『マヴラ』**↑プーシキン**『コロムナの小屋』**

ペドローロ　**『罪と罰』**　ドストエフスキー

プロコフィエフ　**『賭博者』**　ドストエフスキー
　『戦争と平和』　トルストイ

ショスタコーヴィチ　**『鼻』**　ゴーゴリ
　『ムツェンスク郡のマクベス夫人』　レスコーフ

グリンカ　**『ルスランとリュドミラ』**　プーシキン

ヤナーチェク　**『死者の家から』**　ドストエフスキー

マルティヌー　**『人は何で生きるか』**　トルストイ

ウォルトン　**『熊』**　チェホフ

オペラ作家の生没年と代表作で見る

オペラの歴史

国別の欄に作曲家の生没年・代表作を示しました。
オペラ史の欄の●は音楽史の事項、▒は本書でとりあげた五人の作曲家です。

時代	オペラ史	イタリア	フランス	ドイツ・オーストリア	その他
バロック期		ペーリ（一五六一～一六三三）『ダフネ』『エウリディーチェ』			
	一五九七　ペーリ作、音楽劇『ダフネ』が上演される（作品は現存していない）。				
	一六〇〇　現存する最古のオペラ、ペーリ作『エウリディーチェ』上演。				
		モンテヴェルディ（一五六七～一六四三）『オルフェオ』『ウリッセの帰還』『ポッペアの戴冠』			
			リュリ（一六三二～一六八七）『カドミュスとエルミオーヌ』『テゼ』		

バロック期

一六三七　ヴェネチアで世界初の公開オペラ劇場が完成。

一六四二　モンテヴェルディ作、『ポッペアの戴冠』上演。
※バロック・オペラならではの「カストラート」が活躍を始める。

パーセル（一六五九〜一六九五）『ダイドーとイーニアス』
ペープシュ（一六六七〜一七五二）／ゲイ（一六八五〜一七三二）『乞食オペラ』

一六七五　リュリ作『テゼ』上演。台本作家キノーとともに「オペラ・バレエ」を生み出した。

ペルゴレージ（一七一〇〜一七三六）『奥様女中』

ラモー（一六八三〜一七六四）『イッポリートとアリシー』
グルック（一七一四〜一七八七）『オルフェとエウリディーチェ』

ヘンデル（一六八五〜一七五九）『ジュリアス・シーザー』

時代　バロック期

オペラ史　イタリア　フランス　ドイツ・オーストリア　その他

●一七一五頃　ヴィヴァルディが『四季』を作曲。

一七二四　ヘンデル作『ジュリアス・シーザー』上演。台本作家メタスタージオとヘンデルによって「オペラ・セリア（英雄オペラ）」の様式が確立される。

一七二八　ヘンデルの「オペラ・セリア」に対抗してペープシュとゲイが「バラッド・オペラ（風刺的な歌芝居）」『乞食オペラ』を上演。ロンドンで大ヒットする。

●一七二九　バッハ『マタイ受難曲』上演。

一七三三　ラモー作『イッポリートとアリシー』上演。リュリに始まったオペラ・バレエをさらに発展させ、グルックに影響を与える。

一七三三　初の「オペラ・ブッファ（オペラの幕間《まくあい》に上演される音楽喜劇）」、ペルゴレージ作『奥様女中』上演。

チマローザ（一七四九～一八〇一）『秘密の結婚』

ウィーン古典派

●一七五九　ハイドン、初めての交響曲を完成。

モーツァルト（一七五六～一七九一）『フィガロの結婚』『ドン・ジョヴァンニ』『コシ・ファン・トゥッテ』『魔笛』

ケルビーニ（一七六〇～一八四二）『メディア』

一七六二　グルック作『オルフェとエウリディーチェ』上演。グルックのオペラ改革。

メユール（一七六三～一八一七）『アリオダン』

ベートーヴェン（一七七〇～一八二七）『フィデリオ』

スポンティーニ（一七七四～一八五一）『ヴェスタの巫女』

時代	オペラ史	イタリア	フランス	ドイツ・オーストリア	その他
ウィーン古典派			オーベール（一七八二～一八七一）『フラ・ディアヴォロ』	ウェーバー（一七八六～一八二六）『魔弾の射手』『オイリアンテ』『オベロン』	
	一七七八　イタリア・ミラノのスカラ座完成。				
				マイヤベーア（一七九一～一八六四）『悪魔のロベール』『ユグノー教徒』『アフリカの女』『預言者』	
	一七八二　モーツァルトが初めてドイツ語の台本に作曲し、「ジングシュピール（歌芝居）」と呼ばれた作品、『後宮からの逃走』が上演された。				
	一七九二　チマローザ作『秘密の結婚』がウィーンで上演される。十八世紀オペラ・ブッファの傑作として、モーツァルトをしのぐ人気を得た。				

ウィーン古典派

ロッシーニ（一七九二～一八六八）『セヴィリアの理髪師』『チェネレントラ（シンデレラ）』『ウィリアム・テル』

一七九五　パリ国立音楽院創立。

一七九七　ケルビーニ作『メディア』が、五幕仕立てで間にバレエも入るという大掛かりなオペラ、「グランド・オペラ」の先駆的作品として成功。ベートーヴェンやウェーバーに影響を与えた。

ドニゼッティ（一七九七～一八四八）『ランメルモールのルチア』『アンナ・ボレーナ』『ファヴォリータ』『愛の妙薬』『連隊の娘』『ドン・パスクアーレ』

時代	ウィーン古典派	
オペラ史		一八〇七　スポンティーニ作『ヴェスタの巫女』上演。パリとベルリンで活躍を始める。
イタリア	ベッリーニ（一八〇一〜一八三五）『ノルマ』『夢遊病の女』『清教徒』『カプレーティとモンテッキ』	
フランス	アレヴィ（一七九九〜一八六二）『ユダヤの女』 ベルリオーズ（一八〇三〜一八六九）『ベンヴェヌート・チェッリーニ』『トロイの人々』『ファウストの劫罰』	
ドイツ・オーストリア	ロルツィング（一八〇一〜一八五一）『皇帝と船大工』	
その他		

ロマン派

ヴェルディ（一八一三～一九〇一）『リゴレット』『イル・トロヴァトーレ』『椿姫』『仮面舞踏会』『運命の力』『ドン・カルロ』『アイーダ』『オテロ』『ファルスタッフ』

ワーグナー（一八一三～一八八三）『ニーベルングの指環』『トリスタンとイゾルデ』『ニュールンベルクのマイスタージンガー』『さまよえるオランダ人』

●一八一五　シューベルト『魔王』を作曲。

グノー（一八一八～一八九三）『ファウスト』『ロメオとジュリエット』

オッフェンバック（一八一九～一八八〇）『ホフマン物語』『天国と地獄（地獄のオルフェ）』『ラ・ペリコール』

スッペ（一八一九～一八九五）『美しきガラテア』『ボッカッチョ』『軽騎兵』

時代	オペラ史	イタリア	フランス	ドイツ・オーストリア	その他
ロマン派					

一八二一　ロマン派オペラの代表作、ウェーバーの『魔弾の射手』が上演される。

●一八二三　リスト、十一歳にしてウィーンでコンサートを開き、ベートーヴェンに出会う。

ヨハン・シュトラウス（一八二五〜一八九九）『こうもり』

●一八二九　メンデルスゾーン、作曲者バッハの死後、初めて『マタイ受難曲』の公開演奏を行う。

一八三〇　ケルビーニに師事し、オペラ・コミックを多く残したオーベールが『フラ・ディアヴォロ』上演。台本作家・スクリーブとともにグランド・オペラ流行に一役買った。

一八三一　マイヤベーア作『悪魔のロベール』が大成功し、グランド・オペラが確立した。

●一八三一頃　ショパン、エチュード『革命』を作曲。

ロマン派

ポンキエッリ（一八三四～一八八六）『ラ・ジョコンダ』

●一八三三～三五　シューマン『謝肉祭』を作曲。

一八三五　グランド・オペラの代表的作曲家、アレヴィが『ユダヤの女』を上演。グノーやビゼーに影響を与える。

サン＝サーンス（一八三五～一九二一）『サムソンとデリラ』

ビゼー（一八三八～一八七五）『カルメン』『真珠とり』

ボロディン（一八三三～一八八七）『イーゴリ公』

ムソルグスキー（一八三九～一八八一）『ボリス・ゴドゥノフ』『ホヴァンシチナ』

チャイコフスキー（一八四〇～一八九三）『エウゲニー・オネーギン』『オルレアンの少女（ジャンヌ・ダルク）』『スペードの女王』

時代	オペラ史	イタリア	フランス	ドイツ・オーストリア	その他
ロマン派	●一八四二　ウィーン・フィルハーモニー管弦楽団結成。				
		ボーイト（一八四二～一九一八）『メフィストフェレ』、台本『オテロ』『ファルスタッフ』（作曲はヴェルディ）	マスネ（一八四二～一九一二）『ウェルテル』『マノン』『エロディアード』『エスクラルモンド』		
	●一八四四　ベルリオーズ『「ローマの謝肉祭」序曲』作曲。				
		レオンカヴァッロ（一八五八～一九一九）『道化師』		フンパーディンク（一八五四～一九二一）『ヘンゼルとグレーテル』	ヤナーチェク（一八五四～一九二八）『利口な女狐の物語』『イエヌーファ』『カーチャ・カバノヴァ』『死者の家から』
	一八五八　オッフェンバック『天国と地獄』上演。グランド・オペラをパロディ化した「オペレッタ」を確立し、大成功を収めた。				

ロマン派

一八六五　スッペ作『美しきガラテア』上演。オッフェンバックとモーツァルトに始まる「ジングシュピール」の流れを組むウィーン・オペレッタが興る。	
	プッチーニ（一八五八～一九二四）『ラ・ボエーム』『蝶々夫人』『トスカ』『トゥーランドット』『マノン・レスコー』
	マスカーニ（一八六三～一九四五）『カヴァレリア・ルスティカーナ』
	ドビュッシー（一八六二～一九一八）『ペレアスとメリザンド』『ロドリーグとシメーヌ』
	リヒァルト・シュトラウス（一八六四～一九四九）『サロメ』『エレクトラ』『ばらの騎士』

時代	ロマン派		
オペラ史		一八七五　フランス・パリのオペラ座完成。	
イタリア	チレーア（一八六六〜一九五〇）『アドリアーナ・ルクヴルール』『アルルの女』 ジョルダーノ（一八六七〜一九四八）『アンドレア・シェニエ』『フェドーラ』		
フランス			ラヴェル（一八七五〜一九三七）『子供と魔法』
ドイツ・オーストリア	レハール（一八七〇〜一九四八）『メリー・ウィドウ』『ジュディエッタ』『ほほえみの国』		
その他			

近代音楽

●一八七六　ブラームス『交響曲第1番』完成。

●一八七七　チャイコフスキー、バレエ『白鳥の湖』初演。

●一八八八　サティ、ピアノ小品『3つのジムノペディ』などを作曲。

●一八八九　ドヴォルザーク『交響曲第8番』完成。

一八九二「ヴェリズモ・オペラ（現実主義オペラ）」の先駆となる、レオンカヴァッロの『道化師』が上演された。

バルトーク（一八八一～一九四五）『青ひげ公の城』

ストラヴィンスキー（一八八二～一九七一）『放蕩児の遍歴』『エディプス王』

ベルク（一八八五～一九三五）『ヴォツェック』『ルル』

時代	近代音楽
オペラ史	●一八九四　ドビュッシー『牧神の午後への前奏曲』作曲。 一八九四　東京音楽学校（現・東京芸術大学音楽学部）で、日本初のオペラ『ファウスト』第1幕が上演された。
イタリア	
フランス	
ドイツ・オーストリア	コルンゴルト（一八九七〜一九五七）『死の都』『ヘリアーネの奇跡』 ヴァイル（一九〇〇〜一九五〇）／ブレヒト（一八九八〜一九五六）『三文オペラ』
その他	ガーシュウィン（一八九八〜一九三七）『ポギーとベス』 ショスタコーヴィチ（一九〇六〜一九七五）『ムツェンスク郡のマクベス夫人（カテリーナ・イズマイロヴァ）』 ブリテン（一九一三〜一九七六）『ピーター・グライムズ』『ビリー・バッド』『ねじの回転』『ヴェニスに死す』『真夏の夜の夢』

現代音楽

●一九二〇　ザルツブルク音楽祭が始まる。

團伊玖磨（一九二四〜二〇〇一）『夕鶴』

一九二八　ヴァイルとブレヒトによる『三文オペラ』を発表。ワーグナーのオペラのパロディとして大ヒットした。

●一九二八　ラヴェル『ボレロ』作曲。

プレヴィン（一九二九〜）『欲望という名の電車』

A・ウェーバー（一九四八〜）『ジーザス・クライスト・スーパースター』

一九八九　パリの新オペラ座「オペラ・バスティーユ」完成。

一九九七　日本で最初のオペラ専用の歌劇場である新国立劇場オペラ劇場が誕生。

二〇〇二　小澤征爾ウィーン国立歌劇場の音楽監督に就任。

本書は一九九六年にさ・え・ら書房から出版された『オペラでたのしむ名作文学』を文庫収録にあたり改題、大幅に編集しなおしたものです。

中野京子―北海道に生まれる。早稲田大学大学院修士課程修了。作家・独文学者。『怖い絵』シリーズ（角川文庫）、『名画の謎』シリーズ（文藝春秋）『ハプスブルク家12の物語』『ロマノフ家12の物語』（以上、光文社新書）『はじめてのルーヴル』（集英社）『橋をめぐる物語』（河出書房新社）などがある。訳書にツヴァイク『マリー・アントワネット』（角川書店）。
著者ブログ「花つむひとの部屋」
http://blog.goo.ne.jp/hanatumi2006/

講談社+α文庫 おとなのための「オペラ」入門《にゅうもん》

中野京子《なかのきょうこ》

2009年4月20日第1刷発行
2014年8月1日第2刷発行

発行者――鈴木 哲
発行所――株式会社 講談社
東京都文京区音羽2-12-21 〒112-8001
電話 出版部(03)5395-3529
販売部(03)5395-5817
業務部(03)5395-3615

カバー・本文写真――ピーピーエス通信社
デザイン――鈴木成一デザイン室
本文データ制作――講談社デジタル製作部
カバー印刷――凸版印刷株式会社
印刷――慶昌堂印刷株式会社
製本――株式会社千曲堂

落丁本・乱丁本は購入書店名を明記のうえ、小社業務部あてにお送りください。
送料は小社負担にてお取り替えします。
なお、この本の内容についてのお問い合わせは
生活文化第二出版部あてにお願いいたします。
Printed in Japan ISBN978-4-06-281273-3
定価はカバーに表示してあります。